人 文 社 科
高校学术研究论著丛刊

信息化时代教育技术的创新应用

孙 洋 杨瑞勋 著

中国书籍出版社
China Book Press

图书在版编目(CIP)数据

信息化时代教育技术的创新应用 / 孙洋, 杨瑞勋著
. -- 北京 : 中国书籍出版社, 2022.11
ISBN 978-7-5068-9294-0

Ⅰ. ①信… Ⅱ. ①孙… ②杨… Ⅲ. 教育技术 - 信
息化 - 研究 Ⅳ. ①G43

中国版本图书馆CIP数据核字（2022）第213342号

信息化时代教育技术的创新应用

孙　洋　杨瑞勋　著

丛书策划　谭　鹏　武　斌
责任编辑　李　新
责任印制　孙马飞　马　芝
封面设计　东方美迪
出版发行　中国书籍出版社
地　　址　北京市丰台区三路居路97号(邮编：100073）
电　　话　（010）52257143（总编室）　（010）52257140（发行部）
电子邮箱　eo@chinabp.com.cn
经　　销　全国新华书店
印　　厂　三河市德贤弘印务有限公司
开　　本　710毫米 × 1000毫米　1/16
字　　数　242千字
印　　张　12.75
版　　次　2023年3月第1版
印　　次　2023年7月第2次印刷
书　　号　ISBN 978-7-5068-9294-0
定　　价　80.00元

目　录

第一章

信息化与教育技术概述

现代教育技术科学体系的迅速崛起是现代教育科学发展中引人注目的成就之一，教育技术学是现代教育科学发展的重要成果，教育技术的应用是教育现代化的重要标志之一。现代教育技术作为现代科技成果与教育理论相结合的一门新兴综合性应用科学，在这场变革中扮演着重要的角色，它以鲜明的特质，为今天在信息技术环境下的教育教学活动提供了一个新的理论与技术平台。

第一节　教育技术的定义与特征

中国现代教育技术的发展起始于20世纪20年代，称之为“电化教育”。当时电化教育活动中使用的幻灯、电影等媒体，比原始口耳之学以及后来的印刷媒体用于教学，其传播方式跃进了一大步，已属现代教育技术的范畴，但这还不是完整意义上的现代教育技术，只是现代教育技术发展的初级阶段。

一、教育技术的定义

“教育技术”一词作为一个专业术语，必须有明确的科学含义。广义的理解，教育技术就是“教育中的技术”，是指人类在教育活动中采用的一切物质手段和指导有效使用这些物质手段的理论、方法与经验的总和。它分为有形教育技术和无形教育技术两个层面。

（1）有形教育技术，也可称为“物化形态的教育技术”，是指凝固和体现在有形教学媒体中的科学技术，包括从黑板、粉笔、标本、书本、模型等传统教具到现代的幻灯、投影、广播、电视、电影、计算机、网络、卫星通信以及相应的教学软件等。

（2）无形教育技术。无形教育技术也可称为“智能形态的教育技术”，是指在教育实践中总结和概括出来的用以指导教育技术应用的策略和方法。它的特征是以理论知识为中心，包括技术应用原则、原理、策略和方法等。无形教育技术主要具有以下两个重要功能。

①为教育技术的具体实践提供理论指导。任何技术手段的教育应用都必须遵从教育规律，适合学生的学习特点。而且，任何教学媒体也不会自动产生教育效果，只有教学媒体的使用者恰当地使用，教学媒体才会在教育过程中发挥最大功效，才能真正体现它的教育价值。

②能够直接为教育技术的实践活动提供解决问题的策略和方法。不论是教学媒体理论，还是教学设计理论，都为教育过程中媒体的应用提供了理论指导，它在教育过程中发挥着重要作用。

总之，教育技术的两个层面——有形教育技术和无形教育技术是相互影响、相互作用的，它们以有机整体的形式发挥着作用。有形技术是教育技术的依托，无形技术是教育技术的灵魂。纵观教育技术的发展历程，有形教育技术不断发展，新的教育媒体不断出现，无形教育技术也在不断地丰富和发展，形成了指导教育技术实践的教育视听理论、教育传播理论、教学媒体理论、教学设计理论等相关的基础理论。

二、教育技术的特征

教育技术主要具有如下两点特征。

（一）理论与实践相结合

教育技术是理论与实践相结合的综合性学科。一个专业或学科必须有支持实践的基础知识。理论包括与知识体系有关的概念、理论架构和原理等。实践是指这些知识在解决问题上的应用。教育技术作为教育学科中的一个独立学科，具有指导教师和学生有效的教与学、解决教育教学问题的完整理论和方法论体系，具有自己特有的实践研究领域，它是在理论指导下的技术应用学科。

（二）面向教师的教育技术

为了促进我国中小学教师教育技术能力的发展，教育部于2004年12月颁布了《中小学教师教育技术能力标准（试行）》，《标准》分为“教学人员教育技术能力标准”“管理人员教育技术能力标准”“技术人员教育技术能力标准”三个相对独立的部分，每一部分都包括“意识与态度”“知识与技能”“应用与创新”“社会责任”四方面的能力描述。该标准从能力结构角度来描述面向教师的教育技术。从实践角度来看，教师可以围绕其工作主线来开展教育技术应用活动，主要包括以下几方面。

在教育技术实践领域，教师的角色是双重的：既是教育工作者又是终生学习者。

作为一种特殊的工作者，教育技术也成为改进教师工作效能的绩效技术；开发和使用各种学习资源的过程，应用系统方法设计和组织教学的过程，都是利用技术改进工作绩效的实践。为此，教师需要掌握适用的技术工具，以便对技术资源按照教学的要求进行再设计，与专家、同事或其他相关人员进行合作与交流，对学生的学习过程进行有效评价与管理，教育技术的有效应用，成为提高教师工作成效的重要因素。

另外，现代社会要求教师成为终身的学习者，才能胜任教师的专业要求。为此，提供专业发展的资源、支持专业实践者共同建设、为实践反思提供工具和平台的教育技术，又成为教师自我发展的实践场。

第二节　教育技术在中国的发展

自从有了人类历史，就有了教育，有了教育就有了教育技术，当教育技术发展到一定的阶段后，就形成了一门专门研究教育技术现象与规律的学科——教育技术学。教育技术学是在教育学、认知心理学、教育传播学、系统科学、媒体技术等理论指导下，研究如何在教育中应用各种教育技术以提高教育质量的理论和实践的一门学科，是综合地强调理论指导实践的一门新兴学科，是教育学领域中专门用来研究——如何利用技术提高教学质量的二级应用学学科。

一、中国教育技术的发展阶段

考察教育技术的发展历史，最明显的一条主线是教学媒体技术的发展（包括教学媒体的不断创新和对媒体的应用研究）。媒体技术的每一次进步，都会带来教材教法、教学内容、教学形式、教学规模、教学效果等方面的革新。因而教育技术前几十年是以媒体技术的研究为核心内容，并随媒体技术的发展而发展。

然而，随着现代信息技术的突飞猛进，并以惊人的速度改变着人们的学习、工作、生活、思维方式，新观念、新理论、新方法层出不穷，教育技术的领域也被迅速拓宽了。人们已经意识到媒体并不能解决教育中的全部问题，作为信息时代科学方法论的系统科学方法被运用到教育技术中来，并且把技术看作科学的统一体，开始以系统方法为核心，吸收一切相关学科的研究成果，对教育过程作系统研究，丰富和发展自己的理论与实践体系。这样，现代教育技术便开始了硬件（技术设备和相应的教学系统，如多媒体技术和多媒体教学系统、人工智能和智能教学系统、网络技术和教学网络系统）、软件（与硬件配套的各类教材）以及观念、方法、理论体系全面系统发展的新阶段。

总体来说，我国教育技术的发展大致经过了三个阶段：20世纪20年代至60年代中期的初步发展阶段；20世纪70年代后期至80年代的迅速发展阶段；20世纪90年代至现在的深入发展阶段。

（一）初步发展阶段

20世纪20年代，受美国视觉教育运动的影响，在我国的一些大城市如上海、南京等地的学校中，教育界人士开始尝试使用无声电影幻灯等媒体进行教学，标志着我国电化教育萌芽。20世纪30年代到40年代这一活动发展快，应用规模不断扩大，同时，也出现了电化教育的专业培训机构，理论研究逐步深入，出现了一些文章和名著。其发源地和早期主要使用地区是当时的上海、南京和江苏省。由于当时经济、教育和科技落后，直到新中国成立前夕我国的电化教育也是寥寥无几，只在少数几个城市、学校、社教机关中有所发展，未能大面积推行。这一时期南京金陵大学在推进教育方面是最为有名的。20世纪40年代，当时的南京国民政府教育部成立了电化教育委员会，“电化教育”一词作为该领域的正式名称开始确认。中华人民共和国成立后，我国政府对电化教育予以充分重视，在中央文化部和教育部的推动下，全国开展了多种形式的学术活动，出版了多种专业期刊、论著。从20世纪60年代开始，我国的电化教育得到了初步发展，主要表现在：幻灯、录音、电影进入高等学校和部分城市中小学的教学中；教学唱片、教学幻灯片开始成批生产，外语录音带开始在校际间交流；部分省市成立了电教机构，许多高校开设了电化教育课程。

（二）迅速发展阶段

20世纪70年代后期，我国的电化教育重新起步并迅速发展，取得了明显的成绩，主要表现在：教育部相继批准成立了电化教育组、电化教育局和中央电化教育馆；中央及各省、市、县，以及高等院校和部分中小学都相应建起了电教机构，形成了一支数十万人的电教专业队伍；创建了广播电视大学，开办了卫星教育电视和教育电视台，形成了全国远距离教育网；电化教育专业已具备了专科、本科、硕士研究生三个层次；计算机教育蓬勃兴起，为现代教育技术的发展奠定了基础。

进入20世纪80年代，我国电化教育迅速发展，各级各类电教机构日趋健全，管理与推广步入规模化和组织化。媒体技术迅速提高，在原有的幻灯、录音、语音室等设备的基础上，电视媒体、计算机等开始普及。电教教材的发展速度加快，并且数量剧增，使用率大幅提高。

（三）深入发展阶段

进入20世纪90年代以后，多媒体计算机和网络技术等进入教学领域，使得我国的教育技术迅速向深层次发展。教育技术系统工程建设的广泛开发、国家重点科研项目《计算机教学软件的研究与开发》的启动、中国教育与科研计算机网络的开通、《面向二十一世纪教育振兴行动计划》的颁布，以及多项大规模现代教育技术的实验，大大推进了我国的教育教学改革。

这一时期也是注重教学整体的时期，着重探索和研究教育技术对一堂课、一个单元、一门学科的教学带来的影响，以及对教学模式、教学环境、教学资源和教师的观念、知识、教学水平等带来的影响。

在学科发展上，从20世纪90年代开始，各高校纷纷将原来的电化教育专业名称改为“教育技术学”，同时人才培养层次不断提高，到1996年，全国有30余所高校设立了本（专）科教育技术学专业，10余所高校建立了硕士点，3所高校具有博士授予资格。同时对师范生公共课的开设及教师在职培训也在不断加强。专业人士队伍的完整化、多层次化及教育技术的普及化，促进了教育技术在理论与实践研究上得以持续快速发展。

二、现代教育技术的发展趋势

21世纪以来，互联网向各行各业的渗透与跨界融合发展，加速了以知识经济、信息经济、服务经济为代表的现代社会到来，其核心特征是以人为本的个性化服务和智能服务。以知识为核心生产要素的现代社会需要创新型人才，呼唤灵活、开放、终身的个性化教育体系。工业时代以班级授课为主体的整齐划一的教育体系，正在受到越来越大的挑战，形成灵活多样、开放终身的个性化教育体系，实施适应个性发展的教育是现代教育技术，乃至整个教育现代化发展的基本趋势。

（一）日益关注在实践中的理论研究

现代教育技术作为理论与实践并重的学科，需要理论指导实践，并在实践中进行理论研究。目前，现代教育技术在研究前沿的两个领域是信息技术与课程整合及网络教育，这些教育体系的建立都强调对学习者的支持，即围绕如何进行学习、提高绩效开展工作，因此，人们才会重视教师培训、教学资源建设。

（二）日益网络化和多媒体化

在网络环境下，教育活动将不受时间、空间和地域限制，学习者变得更加对等、方便、灵活，使师生间、学员间的双向交流能很好地进行。而利用多媒体与其他教学媒体相结合共同参与课堂教学过程，形成不同的教学模式，如虚拟现实技术，可以形成虚拟的世界，给学生身临其境的真实感受，使学习者亲自体验现实中无法实现的经历。

（三）推进课程形态变革

“互联网+”时代的到来，对人们的核心素养提出了新的要求，信息技术素养、学会学习、创新与创造力、问题解决能力等核心素养内容，受到很多国家和国际组织的重视。许多核心素养框架的研究也表示要改革我们的教育，培养具有21世纪学习技能的人才。其中，信息技术素养要求学生能互动地使用信息、技术，能够利用技术收集、筛选信息，探索、开发、交流信息，创造、派生、呈现信息。教育要帮助学生提升个人的信息技术素养，使得学生适应和驾驭海量的信息与知识，能够有效使用技术来获取、利用、创造信息和知识。

（四）推进学习方式变革

推进学习方式变革的关键要点有：正式学习与非正式学习正在互补与融合，无处不在的移动网络与智能终端支持学习活动由课堂内向课堂外延伸；通过位置感知、二维码、RFID、NFC等各种情境感知技术，兼容真实生活体验的情境学习将成为学习的重要形态；基于互联网将会出现一批创新的学习方式，如自定步调的自主学习、协作学习、社会化学习、游戏化学习、仿真探究学习、泛在学习等；学习分析技术和大数据技术，使得学生可以结合自身的学习需求，选择最好的学习方式和学习路径，为学生提供及时的个性化反馈成为可能，尊重个体特征的个性化学习将是主要的发展方向。

第三节　信息化教学内涵解读

从历史的长河来看，人类的文明社会已经历了农业社会和工业社会。从20世纪中期开始，人类又在开始创造一个崭新的社会形态，即被越来越多的国家和人士所承认的信息化社会，使人们生活的方方面面都产生了巨大变化。随着信息技术的迅猛发展，教育改革全面深入，逐渐形成了信息化教学。信息化教学是一种新型的教学形式，以现代信息技术的应用为主要特征。与传统教学相比，信息化教学具有多样化的教学手段、丰富的教学资源、现代教学理念指导下的新的教学模式。同时，信息化教学更加重视现代媒体在教学中的应用，不同的教学要素之间通过媒体紧密联系，具有信息化的特征。

一、信息化教学的基本理念

信息时代教育理念的变革来自新时代人才素养需求的重构，信息时代对人才素质结构的偏向提出了新的要求。树立全面发展、全体发展、个性发展和可持续发展的素质教育理念被提上议程，教育必须把每个学生都看成是具有独立人格的个体，要为每个学生的主体性创设条件，使每个学生在原有基础上都得到充分发展。

（一）强调学生的主体地位

教师要树立以学生为中心的教育理念，即教学要由“教育者为中心”转向“学习者为中心”，由“教会学生知识”转向“教会学生学习”。教师不能在课堂上唱“独角戏”，应该尽可能多地与学生进行互动交流，引导学生自主学习，培养学生独立思考的能力。

（二）由强调知识的积累和技能的训练向学生主动建构转变

建构主义学习理论认为，知识不是通过教师传授获得的，而是在一定的情境下，借助他人的帮助，利用必要的学习资料，通过意义建构方式而获得的。教学过程可看作师生交流、积极互动、共同发展的过程。在这个过程中，学生是知识积极的探索者和建构者，教师则是学生学习的帮助者和指导者。师生互动有利于培养学生的创新思维和创新能力，促进学生的全面发展。

（三）学生改变以往接受式的学习，转变为自主、探究、合作式的学习

注重学生对知识的积极建构和合作学习，是一种主动的、发现的、合作的学习方式。传统的教学方式把学习建立在人的客体性、受动性和依赖性之上，忽略了人的主动性、独立性和合作性。新的教学方式将被动的、接受的、封闭的学习方式，转变为主动的、发现的、合作的学习方式，提倡自主与探索，发挥学生的主体意识、创造性和实践能力。

（四）强调活动的重要性

传统的教学活动主要是知识的“授—受”活动。现代的教学活动观念要求在教学中充分认识到活动的重要性和多样性，教师要为学生设计多种性质的活动，组织学生在活动中进行不同形式的学习，在活动中充分发挥学生的主动性、自觉性，培养学生的创新意识、创新精神、创新能力，促使学生的知识、能力和个性全面发展。

（五）强调学生的主观能动性

信息技术从根本上改变了传统的教学结构，使得呈现在学生面前的不再是单一的文字材料和一成不变的粉笔加黑板的课堂，而是多媒体教学资源和教学环境，是学生可以自主学习和协作学习的多媒体网络教学系统（其输入/输出手段的多样化使教学具有很强的交互能力）。多种学习方式交替使用，可以最大限度发挥学生学习的主动性，并促使学生完成学习任务。

二、信息化教学与传统教学的差异

信息技术的出现和多媒体在教学中的应用，使得信息化教学在教学手段、教学资源、教学环境以及教学模式等方面有了新特点，并与传统教学相比有了很大差异性。

（一）教学手段的差异性

从广义来讲，教学手段就是为了实现预期教学目的，教师和学生用来进行教学活动，作用于对象的信息的、精神的、物质的形态和力量的总和。在这里，教学手段主要表现为某种具体的教学媒体。传统的教学媒体主要有黑板、教科书、标本、模型、图表等，因此，传统的教学手段是指教师针对教学内容，运用简单的媒体，单向传播教学信息的方式。信息化教学手段主要是随着多媒体技术在教学中的应用，教师将原来以教材形式存在的各种文字、图像、数据、表格转化为数字化的教学资源，利用多媒体呈现的方式进行教学，同时，多媒体资源也能够快速方便地通过网络传递、共享，提高教学效率。传统教学手段与信息化教学手段的差异见表1–1。

表1–1　传统教学手段与信息化教学手段的差异

教学手段 项目	传统教学手段	信息化教学手段
表现形式	单一化	多样化
媒体特征	传统媒体	多媒体
讲授方式	灌输式讲授	交互式指导
信息传递	单向传递	双向、多向传递

传统教学主要借助单一化的媒体开展教学活动，教学媒体承载教学信息的能力比较低，传递教学信息的功能比较简单、机械。信息化教学手段具有丰富的教学功能，通过大屏幕投影清晰地传授知识，通过网络开展小组讨论、师生答疑、作业提交、网上学习和测试等，加强了师生之间的交流，培养了学生的自主学习

能力。同时，信息化教学具有直观性，它可使形、声、色浑然一体，把一些传统教学手段无法表现的复杂过程、一些不易观察和捕捉的现象、一些无法现场呈现的场景，都真实、鲜活地呈现在课堂上，创设生动、形象、具有强烈感染力的情境，调动学生学习的积极性，使学生更好地掌握知识，从而提高教学效果。

尽管传统教学手段和信息化教学手段有一定的差别，但是它们都有各自的优点，在教学过程中，它们是相互补充、取长补短的关系。我们应当将传统教学手段与信息化教学手段结合起来，实现优势互补，才能最大限度地提高教学质量。

（二）教学资源的差异性

教学资源是支持整个教学过程达到一定教学目的，实现一定教学功能的各种资源总和，是教学系统中的一切物化资源和非物化资源，主要包括教学资料、支持系统、教学环境等。传统教学资源与信息化教学资源的差异见表1-2。

表1-2　传统教学资源与信息化教学资源的差异

教学资源 / 项目	传统教学资源	信息化教学资源
教学材料	书本、教科书、挂图、教学器具、课件、教学电视等	数字化素材、教学软件、补充材料等
支持系统	教师和同伴对学习者的指导与帮助	现代媒体和学习工具对教与学过程的参与，网络信息对学习内容的补充
教学环境	以教室为主，以课堂教学为主要教学形式	以信息技术的应用为特征，多样化的教学环境和教学形式

信息技术的发展促使教学资源发生了根本性的变化。其形态除了传统的文字教材和音像教材，还出现了以多媒体计算机和网络为载体的教学课件、专题学习网站和网络课程，构成了立体化的教材体系；再加上印刷品、模型等传统媒体，以及试卷试题与测评工具、文献资料、目录索引和网络资源等，构成了丰富多彩的教学资源。不同的教学资源可以支持不同的教学活动。尤其是教学课件、专题学习网站和网络课程，因其具有丰富多样的信息资源承载形式、灵活方便的交互特点，将被越来越多地应用于信息技术环境下的多元“学与教”方式中。

三、信息化教学的要素

在传统的教学理论研究中，将教师、学生、教学内容三者作为教学系统的基本构成要素，称为教学系统的“三要素”。三要素的结构如图1–1所示。

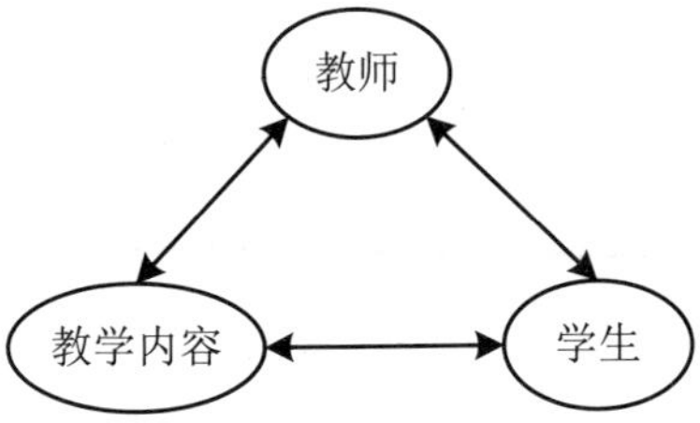

图1–1 三要素的结构

传统教学系统的三要素是相互影响、相互作用的。学生是学习的主体，所有的教学内容都是围绕学生这一主体而组织安排的，学生是教学活动的出发点，也是教学活动的落脚点；教学内容是教学活动赖以发生的基础，是学生学习的主要对象、教师教学的主要内容；教学活动是通过教师来实现的，教师在教学活动中起主导作用，在教学过程中发挥主动性来调整学生的学习活动和教学内容，使教学达到最优化的程度。然而，教师的主导作用是否产生好的教学效果，还要通过学生这个要素来检验。因此可以看出，在传统教学中，各个要素之间相互作用，从而形成了教学系统。

随着信息技术的迅速发展，媒体在现代教育教学活动中起着越来越大的作用。教师、学习者、教学内容、媒体构成了信息化教学系统的四个核心要素，它们在一定的教学环境中相互作用而产生一定教学效果，其关系如图1–2所示。

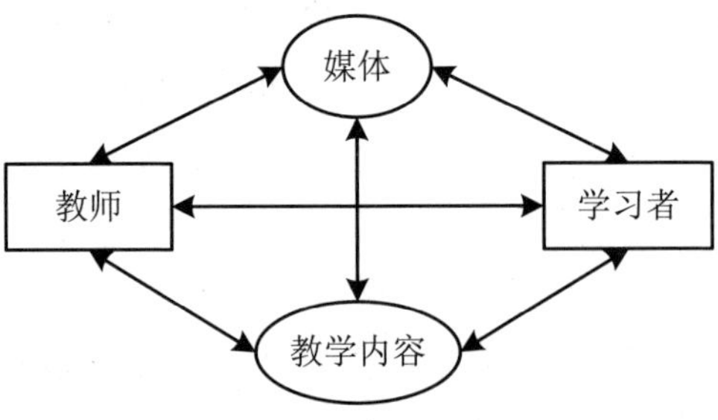

图1–2 信息化教学四要素结构图

信息化教学系统是以信息技术的应用为核心的教学系统，与传统的教学系统相比，信息化教学系统的特征是现代教育媒体的介入，教师、学习者和教学内容三个要素与媒体之间相互作用，具有信息化的特征。

（一）信息化教学中的媒体

信息化教学过程中的媒体主要指现代教学媒体，现代教学媒体是近一个世纪以来利用科技成果发展起来，并被引入教学领域的电子传播媒体，主要包括幻灯、投影、录音、录像、电视、计算机等教学媒体，以及由它们组合成的教学媒体系统，如语言实验室、多媒体综合教室、计算机网络教室等。

从电化教育走向信息化教育，媒体观在不断嬗变。在电化教育阶段，教学媒体在传统课堂教学中主要是传递教学信息，以生动形象的方式展示教学中的重点、难点内容，解决传统教学手段难以解决的问题。在信息化教育的初期，行为主义学习理论作为主要的理论支撑，电视、录音、计算机辅助教学系统等教学媒体进入教学，这一阶段人们利用计算机进行教学，将教学媒体视为教师的教学工具、学生的认知工具和学习工具。随着多媒体计算机、校园网、Internet等进入教学，建构主义学习理论作为主要的指导理论，人们将教学媒体看作教育教学发生的物质基础和平台，媒体技术为学生和教师提供了一个数字化教学环境。

（二）信息化教学中的教师

在传统的教学过程中，教师处于主导地位，主要工作是收集、处理、传送信息，对学习者进行教育，实现教育的目标。现代教育理念的不断更新，促使教师转变了教学观念，现代信息技术的发展以及现代教育媒体在教学中的应用，使得教师的角色发生了变化。信息时代对教师提出了新的挑战，要求教师具备在信息化教学环境中开展教学的能力。

1.掌握现代教学理念

现代教学理念是指在建构主义、人本主义等理论指导下的现代教育教学思想和观念，主要包括指导学生主动建构知识；促进师生之间、生生之间的交往以及社会关系的交往；重视学生的主体性；在信息化教学过程中重视活动的重要性等。

2.具备信息化教学能力

在信息技术环境下，教师可以利用多媒体计算机创设启发式、引导式的学习情境，充分调动学生的思维，发挥学生学习的主动性，引导学生积极主动地完成学习任务。学生可以利用多媒体计算机和网络开展自主学习、协作学习。师生双方可以通过计算机和网络进行随时随地的交流与沟通，并可以平等地占有资料、交流心得、研讨问题。信息技术从根本上改变了传统的教学结构，使得呈现在学生面前的不再是单一文字材料和一成不变的粉笔加黑板的课堂，而是多媒体教学资源和教学环境，是学生可以自主学习和协作学习的多媒体网络教学系统（其输入/输出手段的多样化使教学具有很强的交互能力）。多种学习方式交替使用，可以最大限度地发挥学生学习的主动性，并促使学生完成学习任务。在这种形势下，不仅要重视教师的“教”法，更要重视学生的“学”法。教学模式、教学方法和教学组织形式的改变，使得教学策略研究成为新课程改革的重要内容。

未来信息化教学采用线上线下的混合教学模式，逐步建立网络教学和面授教学、自主学习和协作学习、理论学习和实践实训相结合的混合式教学模式，为学生提供多元学习选择。

3.集多种角色、多重身份于一体

信息化教学过程中的教师由传统的课本知识传授者转变成教学内容的设计者、学习者学习的指导者、学习活动的组织者与参与者。同时，教师不仅可以作为学生的导师，还可以成为学生生活中的朋友，学习过程中的同伴等。

（三）信息化教学中的学习者

当前，以学习者为主体的教育思想已成为教育教学的主导思想，在信息化教学过程中，学习者是教学活动的对象，是学习的主体，教师的一切教学活动都是围绕学生来展开的，没有学习者就不存在教学活动，因此，学习者是教学活动的根本要素。信息化教学环境为学习者提供了丰富的网络信息资源和灵活的学习平台，使学习者的学习方式和学习行为发生了变化。信息技术为学习者的学习带来更多便利的同时，也对学习者提出了更高的要求。

1.学习方式多样化

在信息技术和现代教育媒体的支持下，学习者的学习方式逐渐由接受式的学

习转向自主学习、合作学习、探究学习等信息化学习方式。

2.较高的信息素养

在信息化教学中，学习者要具备较高的信息素养，能够从大量的信息资源中找寻所需的信息，并对信息进行加工、整理、保存；能够使用常用的软件进行学习并与他人交流；学会有效地反省、评价和监督自己的学习过程。

3.集多种能力于一身

信息时代的学习者要具备自主学习的能力，要能够自己确定学习目标、选择学习方法、监控学习过程、评价学习结果。自主学习能力包括：（1）确定学习内容的能力；（2）获取有关信息与资料的能力（知道从何处获取以及如何去获取所需的信息与资料）；（3）利用、评价有关信息与资料的能力。

同时，学习者要学会与他人共事，具备合作与协作的能力，将自身的学习行为有机融合到小组或团队的集体学习活动之中，树立团队精神和集体观念。

信息化教学要求学习者具有创新精神和创造能力。创造能力是信息化时代人才所具备的最重要能力之一。创造能力是指能够积极主动地、创造性地发现新问题，提出新见解的一种认知能力，创造能力能够使学习者在学习过程中突破已有的思维定式，提出新的见解，独立解决自己过去从未遇到的问题，或者是将学到的知识正确地运用到全新的情景中去。

（四）信息化教学中的教学内容

传统教学内容的组织结构是线性的，在教学中强调由浅入深、由近及远、由具体到抽象的原则。信息技术的运用可以克服线性知识结构的缺陷，使信息具有多种形式、非线性网络结构的特点，以符合学生的认知规律。教师可以运用信息技术并按照人类的思维方式、基于语义网络的理论来组织教学内容，从最初的知识节点出发，把呈网状分布的知识链接成一种多层次的知识结构。学生可以根据自己的实际能力和学习需要来安排学习，充分发挥自己的积极性和主动性。另外，教师可以运用信息技术对教学内容进行结构化、动态化和形象化处理。教学内容可以集文本、动画、声音、图像于一体，使知识信息的来源丰富、内容充实、形象生动且具有吸引力。信息技术的运用能够为学生创造一个宽阔的时域空间，既能超越现实，生动地展示历史或未来的认识对象，又能拓宽活动范围，将巨大空间与微观世界的实物展示在学生面前，还能使教育资源共享变为现实，使学生占有的时域空间不断扩大。

信息化教学系统的四要素之间存在着错综复杂的关系，各个要素之间不同的结合方式会产生不同类型的教学系统。

第四节　教育信息化

从社会发展的历史进程分析，我们不难发现：信息化为教育带来了空前发展的机会，带动了教育信息化的革命。教育又需要通过自身的变革来不断满足信息化社会发展的各种需要，其中信息化人才的培养成了当前教育的重任。教育信息化便应时所需地产生了，这便是教育信息化产生的大背景。“教育信息化”这一概念是在20世纪90年代伴随着信息高速公路的兴建而提出来的，其核心是把IT在教育中的应用，作为实施面向21世纪教育改革的重要途径。我国自20世纪90年代末开始，随着网络技术的迅速普及，整个社会的发展与信息技术的关系越来越密切，人们越来越关注信息技术对社会发展的影响，“教育信息化”的提法也开始出现了，并逐渐形成理论体系。

信息化时代正是由于可以更便捷地获得和使用信息，而使得社会发展的速度加快。信息时代的教育正是由于信息化的引入，而发展成为超越时空、资源共享的现代化教育。所以，教育信息化是教育现代化发展的必然结果。

一、教育信息化的含义

教育信息化是伴随着信息技术的飞速进步和信息社会的到来而出现的，是国家信息化的关键和重要组成部分。教育信息化包括教学环境的信息化、教学资源的信息化、教学思想与教学模式的信息化、教学管理的信息化以及教学评价的信息化等内容。在经历了起步阶段的基础设施建设和初步发展阶段的信息技术应用之后，目前已经基本实现了信息技术在学科教学中的运用，未来教育信息化的目标，将更加关注信息技术与学科课程的深度有效融合，以便更好地发挥信息技术对学科教学的促进作用。同时，教育信息化也对新一轮课程与教学改革产生了重要影响，而教育改革的深入推进，又给教育信息化提出了新的要求。

20世纪末以来，以计算机技术、网络技术和通信技术的快速进步为代表的信息化，正在引发当今世界的深刻变革，并重塑了世界经济、政治、文化、社会和军事等发展的新格局，同样也引发了教育领域的重大变革，这不仅体现在人类学习方式、思维方式的改变上，还表现为课程的表现形式、课堂的教学组织形式以及学校的管理方式、教学评价方式和教育管理模式的变化。教育信息化作为以信息技术变革学校教育的体现，它是一个促进学校教育变革、提高学生信息素养、推动教育现代化的漫长过程，需要在与教育改革的有机结合中相互促进且不断走向深入。

教育信息化是信息化在教育中的体现，也是国家信息化的重要组成部分之一。同时，它还肩负着培养信息化新型人才的重任，是最终实现整体国家信息化的主要途径。

教育信息化应以新的教育思想、教育观念，指导信息技术在教育的各个部门、各个领域广泛应用，应根据创新人才培养的要求，利用信息技术，探索新的教育模式，使教育教学资源信息化、多媒体化，教材多样化、教学个性化、学习自主化、管理电子化等，促进教育现代化。

二、教育信息化的内容

教育信息化是一个动态发展的过程，其主要动力和直接目的是现代信息技术在教育中的广泛应用，即有效运用技术的网络化、数字化、智能化和多媒体化等特点，实现教育资源的开放共享与学习者之间跨越时空限制的交互和协作。总体来看，教育信息化的内容主要包括以下几个方面。

（1）教学环境的信息化，既包括课堂教学中的信息化设备，也包括实验室、图书馆等学习场所教学设施的信息化和网络化。

（2）教学资源的信息化，即通过开放教育资源建设丰富教育信息资源库，实现各地优质教育资源的免费共享与均等化。

（3）教学思想与教学模式的信息化，即综合运用行为主义、认知主义、建构主义和人本主义等多种学习理论，构建适合信息化教育需要的教学模式，充分体现人本化、个性化的教学理念，更好地促进学生发展。

（4）教学管理的信息化，即通过构建教师和学生信息管理的数据库，并利用现代信息技术进行学校的常规管理、人事管理、基础设施管理等，规范学校管理秩序。

（5）教学评价的信息化，包括对教师和学生两方面评估的信息化，即充分利用信息技术进行评估数据的采集、传输、处理和分析，提高评价的科学性与准确性。

教育的本质意义在于培养完整的人。教育的本质应该是对人本身的一种完善，是人从不完善走向文明、完善的一个过程。培养文明、杰出的人是教育的终极目标。简单地说，教育就是“成人”的过程，或者说是人为积极意义上的“成人”过程。教育信息化是教育的产物，这就注定它必然要符合教育“成人”的意义。否则，所有的工具、手段、过程都将毫无意义。

因此，笔者认为，教育信息化的内容是：利用包括教育信息环境的完善、教育资源的建设与使用，以及师资信息化素养培养在内的多种信息技术在教育中的综合应用，来培养适应信息时代发展的人才的理论、工具、方法及过程的总和。

三、教育信息化发展阶段

教育信息化的发展共出现了三个阶段，同时也对应三个不同的热点发展领域：计算机教学、多媒体计算机与课程整合、教育信息化。

第一个阶段从20世纪70年代末至80年代初开始，那时所谓的教育信息化，大家的理解仅是计算机的应用和教学。中小学的计算机应用主要体现在文字处理和表格处理，教学内容也仅是让学生学习和掌握计算机及信息技术的基础知识和基本技能。课程内容除了基础知识外，主要教程序设计，后来才逐步增加了应用软件的操作与使用。

第二个阶段是从20世纪80年代后期开始，重点是计算机辅助教学与计算机辅助管理，主要是开发教学软件、课件和教育教学管理软件，把计算机作为一种工具，将计算机与教育教学相结合。目的就是通过学科课程把信息技术与学科教学有机地结合起来，将信息技术作为一种工具，提高教与学的效率，改变传统的教学模式，并进行有限的计算机教育教学管理。

这两个阶段中，单纯的计算机应用占了很大比重。完全可以说，计算机应用几乎就是现代化教育、信息技术应用的代名词。而且在这两个阶段，教育信息化仅停留在教学方面，教育管理和服务很少被提及和运用。

第三个阶段从20世纪末到21世纪初开始，信息技术已经从计算机应用的狭小范围内跳出来，新技术、新观念和网络技术的发展，极大地拓宽了信息技术应用的手段和范围，“校校通”“班班通”“人人通”工程的建设，多媒体技术被广泛地应用于课堂教学，基于网络的“慕课”“微课”“反转课堂”等多种教育模式的兴起，构建网上教育资源库，提供远程教育教学管理，研究基于网络的教学模式，探索基于网络的研究性学习，试验远程教学模式，所有这些，都为教育信息化提供了丰富的内容。

四、我国教育信息化发展趋势

教育技术是在教育过程中所采用的技术和方法的总称，是在先进教育理念的指导下运用相关的媒体技术，促进教育效果最优化的实践活动，是研究在教育中运用相关技术来提高绩效的理论、规律和方法的一门学科。

现代教育技术与各教育学科既有联系又有分工，它是研究教育与教学过程中的心理活动及其规律的学科。它的研究重点是学生学习的内部因素和对教学机制之间理论的研究。研究整修学习过程的优化，将理论的研究与教学实践中所出现的问题相结合，对“学习过程”和“学习资源”进行研究，以达到学习过程的最优化。随着现代教育理论、系统科学方法、现代信息技术的高速发展和深入学科，通过相互交流和对实践的研讨，目前在一些主要问题上已取得了共识。现代教育技术具备电子化、形声化、多样性、广泛适用性、结合性与跨学科性等特点。现代教育技术极大地提高了教学的效率和质量，它是现代教育硬件与软件的统一体。硬件大体可分为轻设备和贵重设备，其共同特点是电子化。特别是贵重设备，它们具有记录、存储、传输、重放再现和交互等功能，能将教学内容进行多样性的显示，可以将教学屏面化静为动、化动为静。它们能克服时间、空间的限制，根据需要将客观事物与变化过程再现于课堂，让学生犹如亲临其境。现代教育技术的先进性首先表现在它的高效率教学。虽然对某些不能形象表达的教学内容，仍可采用口授、板书等传统教学方式来表达，但对一些抽象、很难用口述讲清楚的学科内容或重复性手工书写工作，运用计算机和音像设备进行教学，可以大大地节省时间，减少教师的劳动量。应用现代教学媒体传递教学信息，不但具有高效率、快节奏、优质量的特点，还可以增加教学信息量，实现教育的最优化。其次还表现在它的教学组织形式灵活多样。根据不同的学习对象，可以进行班级、个人、远程等组织形式的学习。正是现代教育技术所具备的这些特点，极大地推动了我国教育事业的蓬勃发展。通过利用大数据时代所特有的资源数据化，以及信息时代的特性，巧妙地将它们整合在一起并与教育事业相匹配，完美地促进了教育事业的发展，这是在对传统教育技术辩证地推陈出新、革故鼎新下实现的大一统的全新教育模式。

由于构建学习化社会，全民终身学习的需要，随着计算机和网络的发展，各国的远程教育产生了质的飞跃。网络远程教育成为世界各国教育信息化发展中的一个热点，世界各国均把加速发展网络远程教育作为推进本国教育信息化的重要组成部分。各国在网络远程教育发展的战略上，主要是希望通过发展网络远程教育，构建全社会的终身教育体系，构建学习化社会和学习型组织，用以满足不同层次学习者的学习需求，通过网络远程教育的形式，来改善传统中小学和大学教育模式的局限，同时，塑造顺应信息时代的新教育模式。

第二章

信息化时代教育技术环境与教学工具

随着教育信息化的发展，教育环境发生了很大的变化，教育环境从传统课堂发展到信息技术应用空间，形成了信息化教学环境。教育的信息化必然要求教学方法和手段的信息化，而教学工具的信息化是这两者实现的先决条件。在中小学课堂上，在教学过程中和教师备课中常用到信息化教学工具，它们的出现使课堂变得丰富多彩，同时对教师也提出了更高的要求。

第一节　信息化教学环境概述

一、教学环境的概念

环境是指某一主体（个人、小组、社会或者系统等）周围的情况和条件。教学环境是指教学活动的场所（如教室、实验室、图书馆等）、条件（灯光、温度、照明、网络访问等），也包括学生与教学材料、支持系统之间进行交流的过程所形成的氛围。

20世纪90年代以来，信息化、网络化、数字化技术逐步进入校园和课堂，教学环境进入信息时代。传统教室中配备了黑板、讲台、课桌椅等基础设施，形成了以讲授为主的教学模式，这是与工业社会的教育需求相匹配的。随着信息时代的来临，计算机、投影仪、交互电子白板等设备进入课堂，教室环境具有了高科技含量。如何设计信息化教学环境以适应信息时代的需求，以及如何重构传统教学环境以促进学生的发展，是当前教育技术研究必须正视的问题。

本节将教学环境理解为教学活动开展的场所。场所可以是现实存在的，也可以是虚拟的，即仅存在于数字世界中的。在各种类型的教学环境中，教学活动主要发生在常规教室、多媒体教室、网络教室、语言实验室、微格教室等现实教学环境中。随着信息技术的发展，在网络教学平台、虚拟教室和数字化校园等虚拟教学环境中开展的教学活动也日益增多。信息化教学环境设计的主要方面是各类信息化教室装备及与之匹配的教学模式的设计。

二、信息技术支撑的教学环境的特点

信息技术为教学环境建设注入了新的活力，使教学环境发生了翻天覆地的变化，使教学过程、信息的显示、处理和传输等方面实现了数字化，具有传统环境无法企及的优势。

（一）教学过程智能化

由于计算机辅助教学（CAI）系统采用了大量人工智能技术，教学过程中系统可以自动诊断学生的学习水平，自动选择教学内容，自动调整教学进度，自动选择教学策略与方法。人工智能技术的采用大大节省了教师的时间，使教师有精力去设计和开发教学软件，更好地组织课堂教学。

（二）信息显示多样化

信息技术支撑的教学环境为教学提供了文本、图片、动画、视频等多种显示方式，充分调动了学生的多种器官，提高了教学效率。

（三）信息处理数字化

各种图、文、声、像等教学信息的存储记忆、高速运算、逻辑判断、自动传输等均以数字化方式进行，这大大节省了课堂时间，扩充了教学内容。教师和学生不必再为复杂的运算而花费过多的时间，而是可以把有限的课堂时间尽量用到内容和方法的讲授方面去。

（四）信息传输网络化

教学内容可以通过网络进行传输，实现了异地同步的教与学。网络化的传输可以实现文本、图像、视频和声音等的传播，支持群组传输和个别指导。不同地区的教师和学生可以共享优秀的教学资源，避免了资源的重复开发。

（五）信息存储硬盘化

随着硬盘价格的降低，大量的教学信息利用硬盘进行存储。这样既节约了计算机的空间，提高了运行速度，又可以长久保存，随时调取使用。同时，非线性的查找方式也为调取信息提供了极大的便利。

（六）交互界面图形化

随着信息技术的发展，交互界面已经实现了图形化，由此代替原来的文本，使整个界面更加人性化，操作也因此变得更快捷。

三、信息技术支撑的教学环境功能

（一）有利于信息反馈和教师的调控

在信息技术教学环境下，教师的指导和学生的反馈是通过网络来完成的，因而更快速、更便捷。尤其是在网络教室的环境下，教师可以通过网络教室功能监督全班学生的学习情况，并根据需要给予个别指导。

（二）有利于教学信息多样化显示

在教学中可以将信息通过多媒体的形式显示，使教学内容能够通过文本、图形图像、声音和动画等方式展现给学生，充分调动学生的积极性。

（三）有利于学生进行协商讨论

在网络教室中，学生可以通过QQ、BBS和留言板等形式进行交流和讨论，既避免了面对面讨论的嘈杂，又可以保护学生的隐私，使性格内向、不爱发言的学生能够通过一对一的形式进行交流，实现了人性化教学。

（四）有利于教学资源的高度共享

在以往的教学中，教师如何把大量的资料和信息传递给学生，以及学生如何将自己的看法和心得与其他同学进行分享等问题一直是教育者所探寻的。如今，信息技术的利用可以有效地实现资源的共享，只需要打包发送即可在几分钟甚至是几秒的时间内完成文件的传输和共享。Blog等的出现也为大家分享经验和看法提供了有力平台。

（五）有利于学生获取广泛信息

互联网上的信息是海量的，利用搜索功能（如百度等）可以实现信息获取的目的，也可以利用网上发帖求助的功能向全球的用户提出问题，广交朋友。

（六）有利于学习者的积极参与

信息技术支撑的教学环境具备上述功能，充分调动了学生的好奇心，唤起了他们求知的欲望，使更多的学生参与其中，扩大了受众面。

四、信息技术支撑的教学环境分类

信息技术与课程的整合过程离不开由信息技术构建的教学环境，即信息化教学环境的支撑。一般认为，信息化教学环境是具备教育信息存储、处理和传递功能的、能适应学生数字化学习需要的信息化环境，主要包括校园网、多媒体计算机网络教室、电子阅览室、常规电教室、远程教学信息网络系统等。需要指出的是，这里所说的信息技术支撑的教学环境，绝不仅指硬件系统，而是硬件、软件和人机环境三者有机组合的综合系统。在该系统中，诸要素既相互联系，又相互制约，在教学中作为一个有机整体发挥着各自的功能。与传统的教学环境相比，信息技术支撑的教学环境优势是显而易见的，它不仅增强了学习资源共享的通信功能，实现了教学设施的网络化，还促进了多媒体学习环境的完善。

（一）多媒体综合教室

由于多媒体教学的优势以及硬件设备的发展和成本的降低，多媒体教室在较短时间里从无到有，而且快速增加。20世纪90年代后期，我国开始了大规模教育信息化基础设施建设。经过十多年的建设，我国的教育信息化取得了显著成绩，社会对教育信息化的认识也有所提高。在这个信息技术发达的时代，多媒体教室已成为很多大学和中小学，以及各类培训、会议等常用的信息化教学环境之一。多数教师上课从原来的“粉笔+黑板”模式转变成“计算机+投影”的模式。这里的多媒体教室，是指配置了多媒体展示台，或者交互式电子白板等基于计算机的交互式信息展示系统的教室。

（二）电子媒体阅览室

这是一种基于个别化学习的教学环境，学习者可以自由选择媒体进行学习，通过计算机、电视机、录像机等现代教学媒体进行自主学习，积极参与学习过程，充分体现学习者的主体地位。控制中心也可按照学习者的要求传输所需的媒体信息给学习者进行视听阅览、学习资源共享。

（三）多媒体网络教室

多媒体网络教室是在多媒体教室的基础上加入计算机技术和网络技术的一种新型教室。

在多媒体网络教室中，能够实现多台计算机和计算机网络、多媒体设备的连接，能够较好地实现图形、图像、声音、文字等多种媒体的综合应用，实现网上多媒体信息的传输和共享；同时，多媒体网络教室还可与校园网、互联网连接，实现更大范围内的资源共享。

（四）虚拟教室

虚拟教室，顾名思义，指在现实世界中不存在、不需要占用物理空间的教室。它是通过电子通信和计算机技术创造出来的虚拟空间。在其中，教师和学生可以像在普通教室中一样进行交流和互动。

教室是学校的标志，教师和学生都习惯了在教室开展教学活动。而虚拟教室对于师生来说则相对新鲜，它仅实现了现实教室的核心功能：师生言语交流和相互提供视觉信息。

虚拟教室的功能类似于远程视频会议系统，主要用于支持教师和学生的实时互动，一般具备如下功能。

1.语音交互

虚拟教室允许教师和学生通过语音进行交流。“进”到虚拟教室中的师生，所说的话被广播给所有的人。教师在讲解时，为避免被学生打断，可以将学生的话筒设为禁用。

2.电子白板

电子白板类似于现实教室中的黑板，功能相当于一个绘画软件。教师和学生可以一起在上面写、画。

3.文本聊天

虚拟教室通常提供文本聊天工具，可以用于教师讲课过程中学生的提问；或者教师将重要的教学信息，例如作业，写在文本聊天室中，以便学生准确感知。

4.屏幕或者窗口共享

参与者可以选择将自己的屏幕或者窗口共享出去，以供教学信息的呈现。

5.视频交互

虚拟教室提供教师和学生的实时视频。对于需要让师生相互观察对方的操作过程、动作的教学内容，视频是必不可少的。

6.文件传播

参与者可以通过文件传输功能，向网络教室中的所有人或者部分参与者传递文件，以共享资源。

7.特殊符号和公式的输入

上述这些功能是虚拟教室的常见功能。尤其是语言交互、电子白板、屏幕共享和文本聊天，是虚拟教室的必备功能。

在参与者不是很多的情况下（如15人以内），教师可以利用QQ、NetMeeting等软件自己组建虚拟教室。

第二节　多媒体教室

多媒体教室是各类学校、培训机构教学基础建设的重要内容之一，它泛指一切与教学、科研、内外交流与合作活动相关的场所，其核心是现代教育技术的广泛应用。它集音视频技术、网络应用技术、存储与通信技术、智能控制技术等于一体，为教学、学术交流、丰富师生的信息资源提供强有力的支持。

一、多媒体教室的组成

我们常见的多媒体教室，一般包含以下4个重要组成部分：多媒体计算机、中央控制系统、投影显示系统、实物投影仪等多种现代教学设备。

（一）多媒体计算机

多媒体计算机是多媒体教室的核心设备，主要用于储存、加工和发布各种教学信息，例如，通过播放PFF、视频、音频等不同形式的多媒体资源向学生传递教学内容。另外，多媒体计算机还可作为中央控制系统的操作平台，各种不同形式的多媒体资源都需先进入中央控制系统，再经由计算机操作界面或其他控制设备进行操作控制，完成各种信号间的切换后，实现对视频、音频的全面控制。

（二）中央控制系统

中央控制系统是将多媒体教室中各个多媒体设备组合起来的关键设备，它通过系统集成的方法，将多媒体教室中的必要设备操作集成在一个控制平台上。通过操作控制面板，可以便捷地实现对多媒体计算机、投影仪、音响等设备的控制，使复杂的过程简单化。

（三）投影显示系统

视觉是学习者接收教学内容的重要通道，因此投影显示系统便显得尤为重要。对于标准的多媒体教室来说，投影显示系统主要由投影机和幕布组成。常用的投影机有液晶投影机LCD和数字光处理投影机DLP两种。其工作过程主要是先通过多媒体计算机接入相应的承载着教学信息的图像和视频信号，再经过投影机将各种信号投影到幕布上。投影显示系统使学习者与教学内容的距离进一步缩短，使无法触及的抽象信息更为具体化。

（四）实物投影仪

实物投影仪是一种新型的视觉媒体设备，本质上是一种图像信息采集的设备，通过设备中的摄像头，将放置在展示台上的景物转换成视频信号，再通过投影仪或者计算机显示出来。在教学应用中，实物投影仪的使用能够使事物的真实面貌进一步放大，并展示给学生，当然，除了可用于实物展示，它还可对图片、照片等资料进行投影，或直接代替黑板，展示教师在纸面上的板书。目前在一些有条件的学校中，实物投影仪已成为多媒体教室中的必备设备。

二、多媒体教室的主要功能

利用多媒体教室进行课堂教学，打破了传统教学的局限性，为教师提供了一个可灵活操控的多媒体教学环境。多媒体教室的使用为教师带来很多便捷，在利用多媒体教室进行教学的过程中，常用的主要功能包括以下4个方面。

（一）演示操作

演示操作通过将多媒体计算机信号投影在大屏幕上，可以辅助教师进行计算机软件演示、操作系统教学等。

（二）计算机辅助教学

计算机辅助教学借助教室中的各种多媒体设备，展示各类多媒体教学资源辅助教学，是多媒体教室的主要功能，在多媒体教室中，教师可以利用多媒体设备同时呈现文字、图片、视频、音频等多种媒体信息的特点，将教学内容以图文并茂的方式呈现给学生，在调动学生学习积极性的同时，协调学生通过多种感官来建构、理解知识，辅助学生进一步理解、掌握教学内容。

（三）图文实物演示

实物视频展示台将教学模型、实物、幻灯片、照片、底片投放到大屏幕上，可将细节性的信息进行放大呈现，帮助学生更好地了解某种实物或过程性信息，有利于学生的学习。

（四）播放音像资料

在多媒体教室中，教师可以利用VCD/DVD机或直接通过多媒体计算机播放与教学内容相关的音像资料，通过投影展示给学生，并对教学内容进行播放控制，对重要内容进行提示讲解等。

三、多媒体教室分类

就多媒体教室的应用功能而言，可将其分为以下几类。

（一）演示型多媒体教室

演示型多媒体教室是基于演示而得名的，它是教学环境最基本而且最简单的形式，具有现场演示、便捷上网、大屏幕显示、多媒体应用等功能。将来源不同的文字、图像、图形、数据、音视频等丰富的教学资源信号，以最佳的效果呈现给师生或受众。

（二）交互型（网络）多媒体教室

交互型多媒体教室应用环境不同于以往纯硬件或软硬结合方式的网络教室系统，它一般采用全新压缩算法和高效内核技术，运用最新的计算机网络技术、多媒体技术和纯软件构架多媒体网络教室。

网络多媒体教室是由在一个房间内的多台计算机，通过传输介质连在一起的小型网络，主要包括多媒体网络教室、虚拟Internet教室、电子阅览室、多媒体语音教室等形式。一般网络教室中会安装一台用于存储教学资源的服务器，并通过拨号或专线与Internet相连。多媒体网络教室是主要表现形式之一，它具有广播教学、遥控辅导、师生交流、分组讨论、文件传送、课件点播、远程访问等功能。

（三）现场直播与课件实时采集（模拟/数字化）型多媒体教室

现场直播与课件实时采集型（模拟/数字化）多媒体教室是建立在演示型多媒体应用环境和电化教育演播厅基础上的一类全新的教学环境。它集微格教学（Microteaching）技术、演播制作技术、音视频技术、计算机存储和通信技术等于一体，是模拟/数字化教学资源和VOD或COD点播资源的素材数据库之一，也是远程教育和现场直播的重要基地。

四、多媒体教室的应用

（一）演示型多媒体教室

演示型多媒体教室主要适用于授课、报告、演讲等。系统组成包括：多媒体电脑、智能化中央控制系统、多媒体投影机、AV音像设备（录音机、录像机、DVD机和视频展台等）、扩音设备（桌面话筒、无线话筒、AV功率放大器、扬声器等）、周边设备（AV分配器、VGA分配器、电子书写屏和电子白板等）与辅材（接插件及线材等）等。

（二）交互型多媒体教室

交互型多媒体教室适用于开放性网络多媒体教室、语音教学多媒体教室、虚拟教学多媒体教室、案例教学多媒体教室等。其组成如下：

（1）演示型多媒体教室的所有设备。

（2）学生PC。

（3）教室局域网（交换机、模块、配线架等）。

（4）无线AP（针对使用无线系统而言）。
（5）教学服务器。
（6）摄像机套件（针对案例分析教室而言）。
（7）多媒体教学软件（如Newclass /Hiclass等）。

（三）现场直播与课件实时采集型多媒体教室

现场直播与课件实时采集型多媒体教室的组成如下：
（1）演示型多媒体教室的所有设备。
（2）微格教学摄录编系统。
（3）压缩存储设备。
（4）多媒体广播（Multicast /Unicast）设备。
（5）导播控制设备。
（6）演播室照明灯光（三基色灯）。

第三节　数字校园网

数字校园网络是指在校园范围内，由计算机、网络技术设备和软件等构成，并可与广域网互联实现远距离信息交流和资源共享，为学校教学、科研、管理和信息服务的应用网络系统。

一、数字校园模型规划

基于用户服务角度，将数字校园视为一个大的信息服务系统，对整个数字校园进行概念模型的设计。以服务支持为主线，建立“网络基本层—网络基本服务层—应用支撑层—信息服务层”的服务层次体系。该模型体系的工作原理和计算机网络的七层模型类似，都是下层是上层的基础，上层在下层的基础上提供更进一步的服务。

二、数字校园网络的构成

从整体来看，数字校园网络由硬件和软件两大系统组成。

（一）硬件系统

数字校园网的硬件通常由服务器、工作站、网络互联设备、网络传输媒质组成。

1.服务器

服务器是网络上一种为客户端计算机提供各种服务的高性能的计算机。负责网络资源管理和网络通信，为网络用户提供服务。根据服务器在网络中所提供服务的不同，可将其分为文件服务器、数据库服务器、Web服务器、打印服务器、邮件服务器、网页服务器、域名服务器、应用程序服务器、教育资源服务器等。上述服务器可以安装在同一台物理服务器上，也可以分别安装在多台物理服务器上。

2.工作站

工作站是指连接到服务器的终端机，即网络服务的一台客户机，它能够完成用户交给的特定任务，如计算机辅助设计工作站、办公自动化工作站、图像处理工作站、打印机专用工作站等。

3.网络互联设备

网络互联设备将不同的网络连接起来，以构成更大规模的网络系统，实现网络间的数据通信、资源共享和协同工作等。常用的网络互联设备有交换机、路由器、网关、中继器、防火墙、集线器等。

4.网络传输介质

网络传输介质是指在网络中传输数据、连接各网络站点的载体。常用的传输介质分为有线传输介质和无线传输介质两大类。有线传输介质主要有双绞线、同轴电缆和光纤；无线传输介质有无线电波、微波、红外线、激光等。不同的传输介质，其特性也各不相同。

（二）软件系统

校园网的软件系统包括网络操作系统和网络应用管理软件。

1.网络操作系统

网络操作系统是网络用户和计算机网络的接口，它除了要完成一般操作系统的任务外，还要管理与计算机网络有关的硬件资源（如网卡、网络打印机、大容量外存等）和软件资源（如为用户提供文件共享、打印共享以及电子邮件、万维网等专项服务），允许设备与其他设备进行通信。目前，应用比较广泛的网络操作系统主要有Windows Server系列、NetWare、UNIX、Linux等。

2.网络应用管理软件

网络应用管理软件是指能够完成网络管理功能的各类网络管理应用软件，如数据库软件、各类工具软件、OA系统、人事管理系统、财务管理系统、教务管理系统、网络教学平台、后勤管理系统、图书管理系统、资产管理系统、数字教学资源系统、心理健康测试系统等。

三、数字校园网络的功能

数字校园网络可以把分布在校园不同地点的多台电脑连接起来，按照网络协议相互通信，以共享软件、硬件和数据资源。校园网建设的概念由原本的只是以硬件集成为主的硬件平台，转变成以硬件集成、教学应用软件、现代教育技术集成为主的软件建网的校园网，形成了教育教学信息和资源是校园网生命力的概念，诞生了全新的以教育模式为主导的校园网概念，不再依附于传统的教学模式上。因此，建设校园网的真正目的在于为学校师生提供教学、科研和综合信息服务的高速多媒体网络。

数字校园网络的功能是建立在计算机网络的两个基本功能之上的，即数据通信和资源共享基础之上的，进而学习资源的发布与共享、师生信息交流、实现网络办公等。主要体现在以下几个方面。

（一）学习资源的发布与共享

校园网具有开放性、传递信息及时、快捷等特点。我们可以利用校园网的这些特点将学习资源发布到校园网上，供师生利用。另外，可以在校园网上建立专门的学习平台，在这个平台上以网页、FTP、视频点播、BBS、教学资源库、电子图书、Blog等形式发布丰富的学习资源。还可以建立专门的学习网站，学生登录以后可以通过计算机教学软件来完成学习任务。

（二）提供师生信息交流平台

教学是一种师生间的交互行为。为了使师生在校园网这个平台上进行学习交流，校园网必须给师生提供各种网络交流系统。校园网上师生交流系统主要有：聊天室、BBS、Blog、电子邮件、网络电话等。通过这些交流平台，教师可以及时发现和解决学生在学习过程中存在的问题，学生也可以及时将学习问题反馈给教师，以便教师及时调整教学策略。

校园网是一个可以容纳多个用户的交流平台，具有较长的时效性，师生可以在同一时间且在一个比较自由、宽松的环境下进行相互交流，有利于学生自主学习和培养创新能力。

（三）网络办公管理

通过校园网在学校内建立一个多任务、多功能的综合性自动化办公系统，可以实现学校办公自动化、文档一体化和校务工作信息化。主要表现为：实现了信息（文字、图片、视频）的发布和信息管理、文件传递与批阅、公文流转与分发、学生成绩管理和发布、学校人事管理、教职工工资管理等。

（四）教学应用

数字校园网主要有基于课堂的多媒体教学模式、基于网络的资源型教学模式、基于网络的远程教学模式。

在基于课堂的多媒体教学模式中，教师运用多媒体网络教室，在课堂中面向学生进行教学活动，师生能够面对面地交流。基于多媒体网络教室的课堂教学模式的最大缺点是受时间、空间和教室的约束，使该教学系统不可能适合所有教师，不能让课堂外更多人享受到这种优质资源。

在基于网络的远程教学模式中，学生不受空间限制，任何学生都可以享受这种优质资源，享受自主学习的乐趣，这种教学模式虽然具有师生交流，但实时交互性较弱，教学效果相对课堂教学而言要差一些，却比网络资源型教学模式要好。

（五）管理应用

校园网为学校在人事、教务、科研、资产、财务、后勤管理等方面提供了一个先进的分布式管理系统，为各类管理人员及时地收集、统计、分析学校的各种信息提供了便利，大幅提高了办公效率，减轻了工作量。除网络教学管理外，校园网的管理应用还包括：网上行政办公（如公文发布、浏览、批阅、文件收发等）、招生管理、学籍管理（如学生信息管理、班级信息管理等）、教务管理（如网上排课、学生选课管理、学生成绩管理、教室综合管理）、教师管理、档案管理、图书资料管理、资产管理、计费管理、后期服务管理和校园一卡通管理等。

基于校园网的计算机管理信息系统在功能上具有以下特点。

1.共享计算机的硬件资源

在本机系统的数据处理满负荷时，可以将急需处理的数据交给其他空闲的系统机器，避免在设备的利用上出现空置和浪费。在网络软件研制开发上更可避免重复处理的现象。

2.高可靠性的计算机系统

当计算机系统出现故障或其他不可避免的原因导致工作停止时，利用校园网中其他的计算机系统代为处理，以保证管理工作的如常进行。

3.共享数据库资源

对于校内相同的信息数据，通过校园网的管理信息系统可以实现共享和有效的利用，避免浪费、重复存贮现象。

4.促进行政办公效率的提高

基于校园网的计算机管理信息系统，为学校建立办公自动化提供了技术基础，依赖校园网，可以迅速地发送通知、布告消息，传递、复制、查询、收集、保存各类信息。还可以利用校园网所构建起来的强大通信能力，为教职工和管理人员提供较完善的多媒体电子邮件（E-mail）功能，召开音、视频网络电子会议，大大节约人力、时间及纸张印刷等费用。

通过计算机管理信息系统建立的集中和分散相结合的分级、分布式数据库管理系统，既实现学校各部门之间大量数据的共享，同时也为管理人员及时提供数据，为快速做出决策提供帮助。

（六）数字化图书馆（E-Library）

利用校园网和计算机技术将图书馆中的资料数字化，通过校园网络进行数据的存取及分布式管理，为信息检索和利用提供便利。通过对图书馆的数字化，使校园网内的用户，可以对数字图书馆中以数字化格式存储的海量多媒体信息资源进行高效的操作。建立在校园网上的数字图书馆，对于教学、科研的支持服务是全方位的和个性化的，可以及时响应远程用户的需求。

第四节　信息化教学工具

信息化教学工具在教学、教研、课件制作等方面发挥着重要的作用。常见的信息化教学工具有问卷星以及思维导图等。

一、使用问卷星做教学评价

传统的教学评价方式和内容单一，评价主体、范围狭窄，而且受众面仅限于单个集体，问卷星的使用能解决传统的评价弊端，它以网页等形式呈现，被调查者不分地域，只要打开问卷网页的网址进行填写和提交，计算机就能即刻做出直观（如柱形图、饼状图）的数据分析。在日常教学评价中，常应用于学生的作业评价、教师的课堂教学评价，如学生电子作品的展示评价、教师优质课的教学效果评价。

（一）制作问卷

问卷星的使用流程分为下面几个步骤：在线设计问卷；发布问卷并设置属性；发送问卷；查看调查结果；下载调查数据。下面就以信息技术课堂教学问卷调查表的设计为例，讲述问卷调查表的使用。

使用“问卷星”制作问卷调查表的方法主要有两种：一是自助创建，即从空白问卷表开始创建；二是使用问卷模板按照向导一步一步创建。较常用的是第一种方法。

（1）打开界面：在浏览器中输入https://www.wjx.cn/，进入问卷星网站首页。

（2）在线注册：单击“注册”按钮后，填写基本信息，创建新用户。

（3）自助创建：创建用户后，按图2–1所示的操作，选择“调查”，自助创建问卷。

图2-1　自助创建问卷

（4）输入标题：选择“创建空白问卷”选项后，按图2-2所示的操作，输入问卷名称。

图2-2　输入问卷名称

（5）确定选项：进入编辑界面后，按图2-3所示的操作，选择创建题型。

图2-3　选择题型

（6）创建问题：选择创建空白问卷后，按图2-4所示的操作，输入问卷问题。

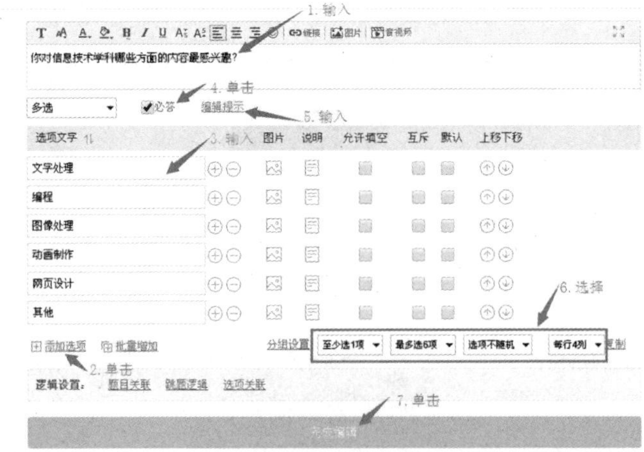

图2-4　设置多选界面

（7）完成创建：按照步骤（5）和步骤（6）的操作方法，完成其他题目的创建，完成后，单击“完成编辑”按钮并保存本次编辑内容。

（8）问卷设置：单击“编辑问卷”选项，按图2–5所示的操作，对问卷做常规设置。

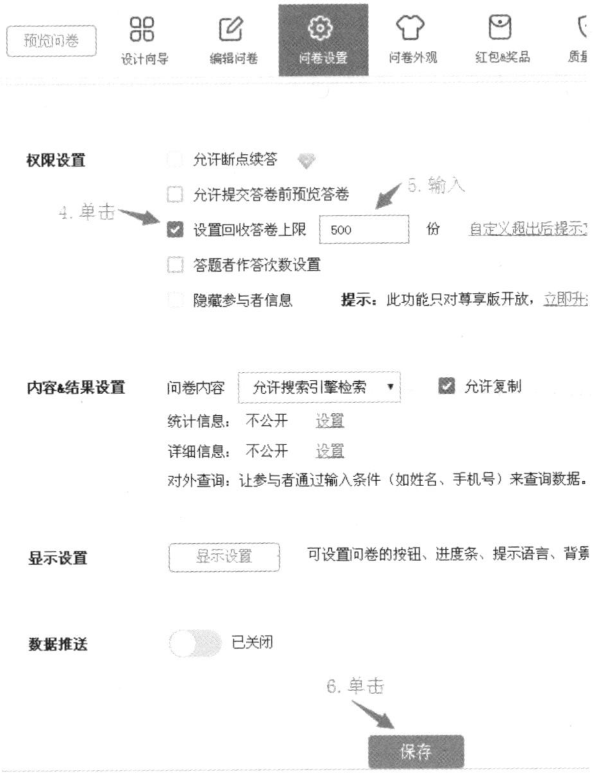

图2-5　常规设置

（9）发布问卷：问卷设置好后，按图2-6所示的操作，发布问卷。

图2-6　发布问卷

（二）查看结果

使用“问卷星”制作问卷和发布问卷成功后，就要通过各种形式回收问卷，查看调查结果，并下载调查数据，这样才能发挥制作问卷的作用。下面仍以信息技术课堂教学问卷调查表的设计为例，讲述问卷调查表的查看和下载（图2–7）。单击分类统计，可查询各选项的统计情况。

图2–7　生成并下载报告

二、使用思维导图辅助知识归纳

思维导图是一种常见的思维方式，主要是用来表达发散性思维、整理思路的图形思维工具。思维导图一般都有一个中心主题，然后由内向外逐步深入，依次展开。这种发散性的结构（树状结构），符合我们大脑思考问题的习惯。思维导图是促进思维激发和思维整理的一种非线性可视化思维工具。

（一）创建思维导图

思维导图常被应用在中小学日常教学中，尤其在复习归纳方面，它可以帮助建立完整的知识框架体系，帮助学生对所学知识进行归纳总结，明确知识之间的联系，提高学生的学习能力与思维能力。

（1）运行软件：选择“开始”按钮，选择“所有程序”→“Xmind2020”命令，打开“XMind2020”软件后选择默认模板。

（2）输入中心主题：双击“中心主体”，输入主题“卢沟桥”，效果如图2-8所示。

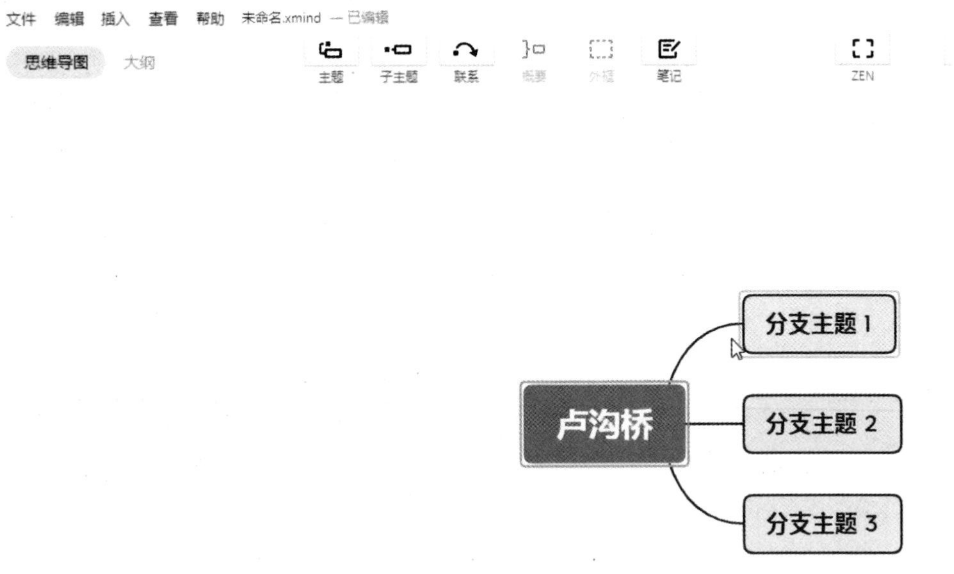

图2-8 输入中心主题

（3）添加分支主题：单击“分支主题1”，并输入内容，效果如图2-9所示。

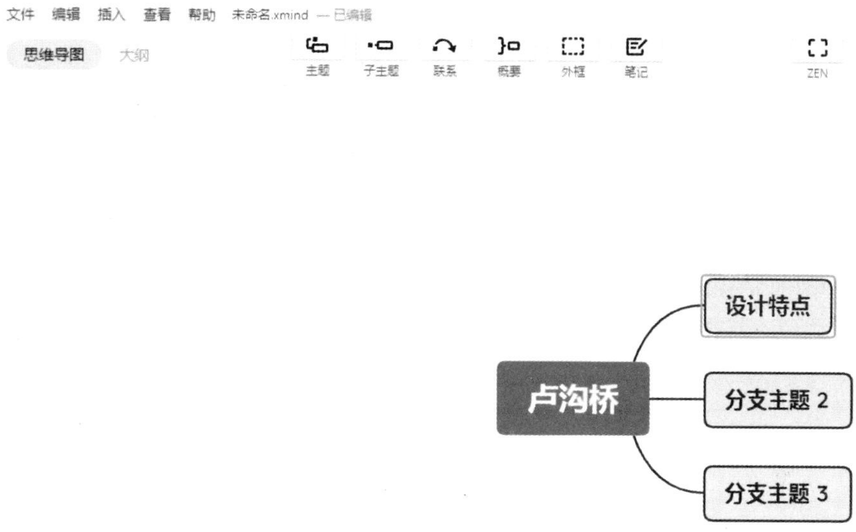

图2-9　添加分支主题

（4）添加子主题：单击“设计特点”→单击“子主题”，继续添加子主题并输入内容，效果如图2-10所示。

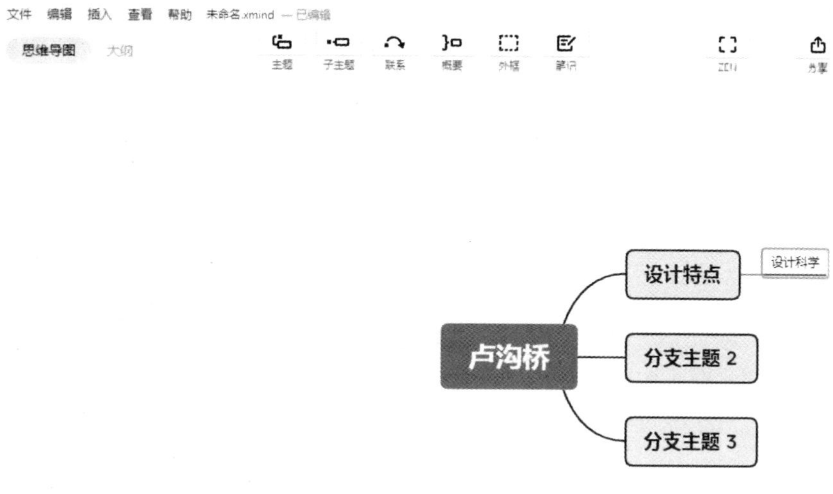

图2-10　添加子主题

（5）添加同级子主题：单击“设计特点”→单击“子主题”，添加同级子主题，效果如图2-11所示。

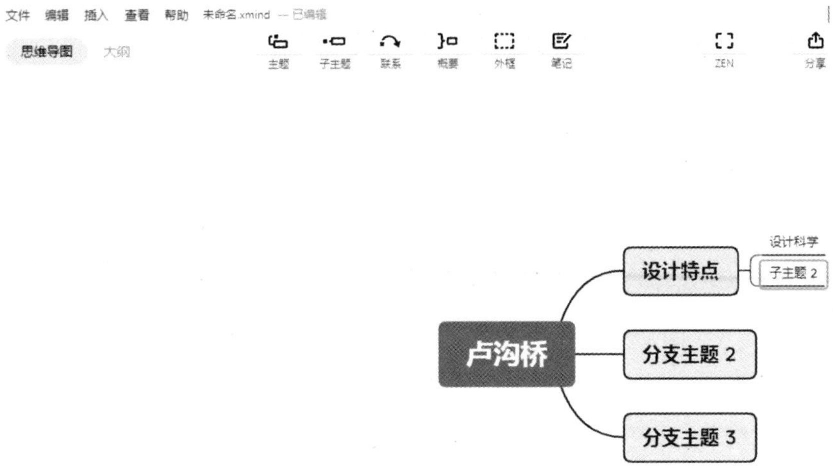

图2-11　添加同级子主题

（6）输入子主题内容：参照步骤（2），输入主题内容“造型美观”。

（7）添加次级子主题：按图2-12所示的操作，继续添加次级子主题。

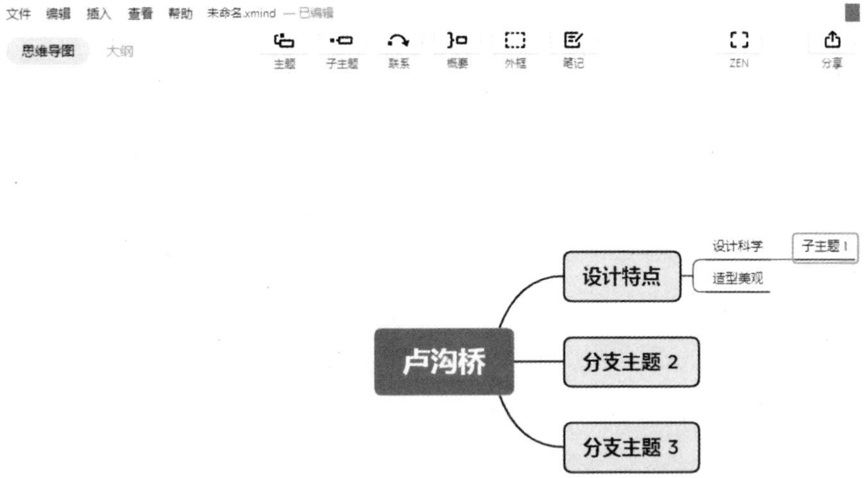

图2-12　添加次级子主题

输入次级子主题内容参照步骤（2），输入主题内容“外型”，效果如图2-13所示。

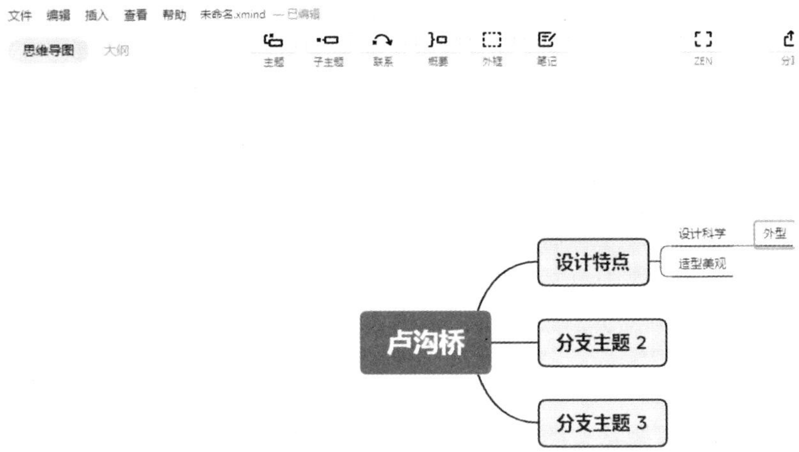

图2-13 输入次级子主题内容

（二）修改思维导图

在创建思维导图的过程中，经常要根据知识点的结构、联系等进行动态调整，这就要求在创建的过程中要即时进行修改完善，常见的修改方式有移动、合并、删除等操作。

（1）移动子主题：按图2-14所示的操作，移动子主题“桥面”至“坚固”主题下。

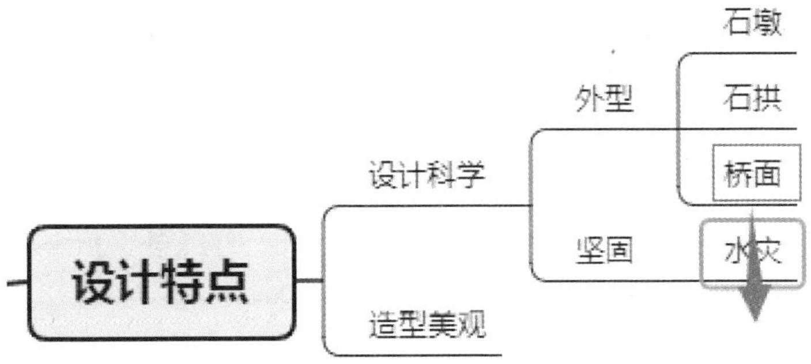

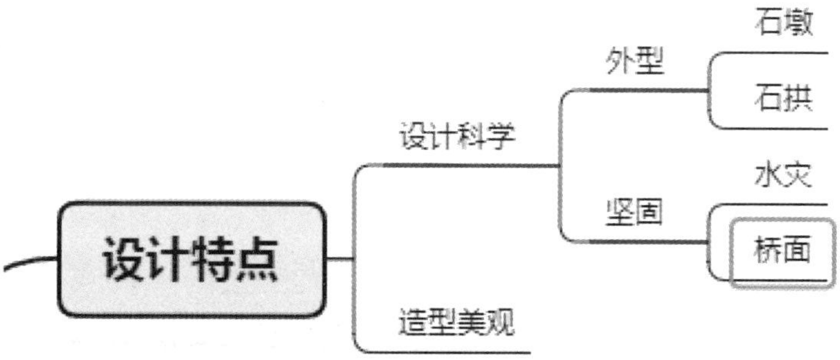

图2-14　移动子主题

（2）合并子主题：按图2-15所示的操作，合并子主题“燕京八景之一”和“世界文明”至“价值”主题下。

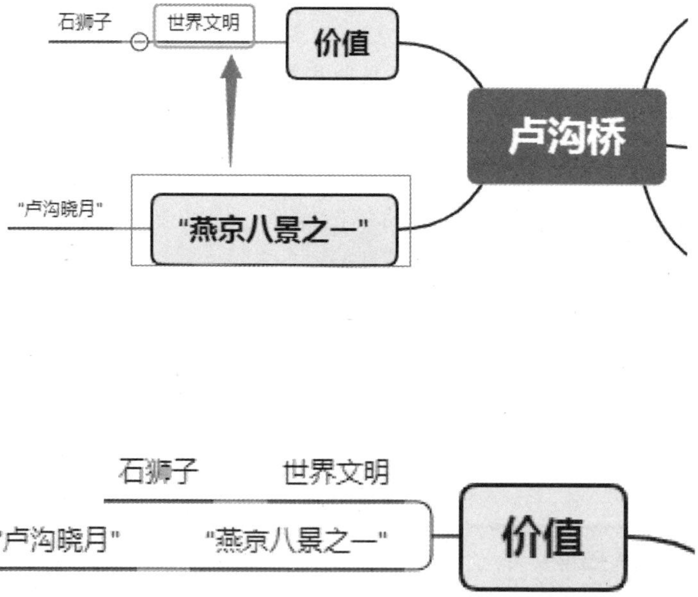

图2-15　合并子主题

（3）删除子主题：按图2-16所示的操作，删除子主题“风格别致”。

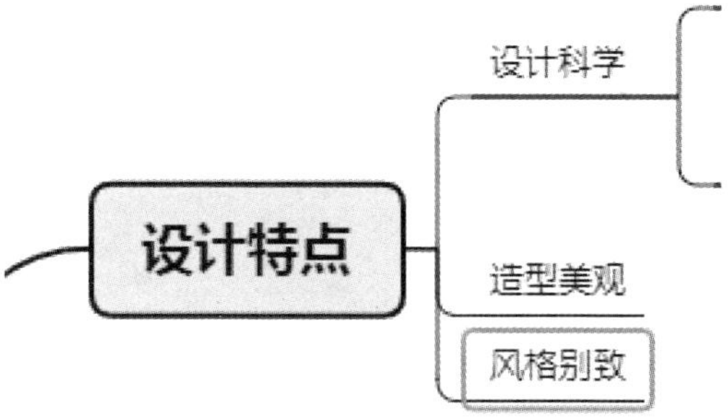

图2-16　删除子主题

（4）完成制作：经过上述步骤，“卢沟桥”思维导图的制作即已完成，效果如图2-17所示。

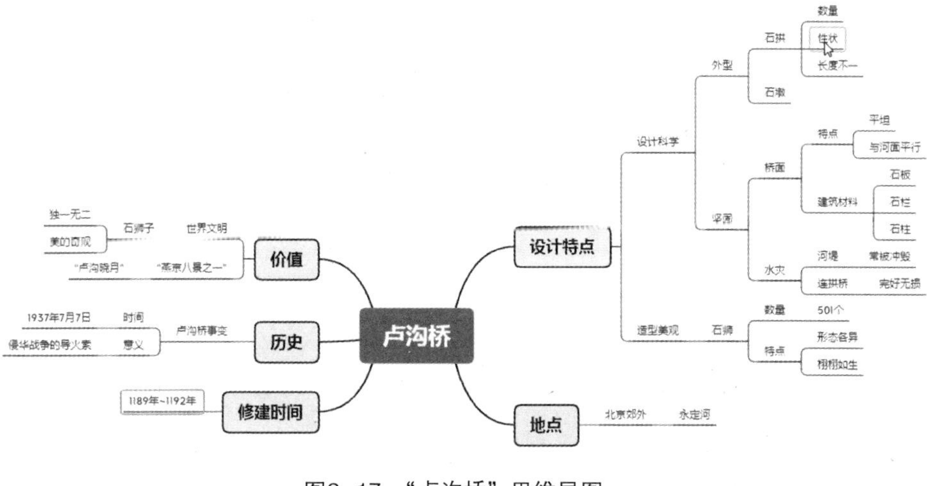

图2-17　“卢沟桥”思维导图

（三）美化思维导图

创建完毕的思维导图还需要通过修饰、美化等操作进一步完善，并将作品以图片形式保存下来，以便学生复习和加强对知识结构的归纳和记忆。

（1）增加边框：选中“卢沟桥”各子主题后，选择“插入”→“边框”命令，给“卢沟桥”各子主题添加修饰边框。

（2）保存文件：选择“文件”→“保存新的版本”命令，保存XMind文件。

（3）导出图片：选择“文件”→“导出”命令，导出图片名为“卢沟桥.bmp”的文件，效果如图2-18所示。

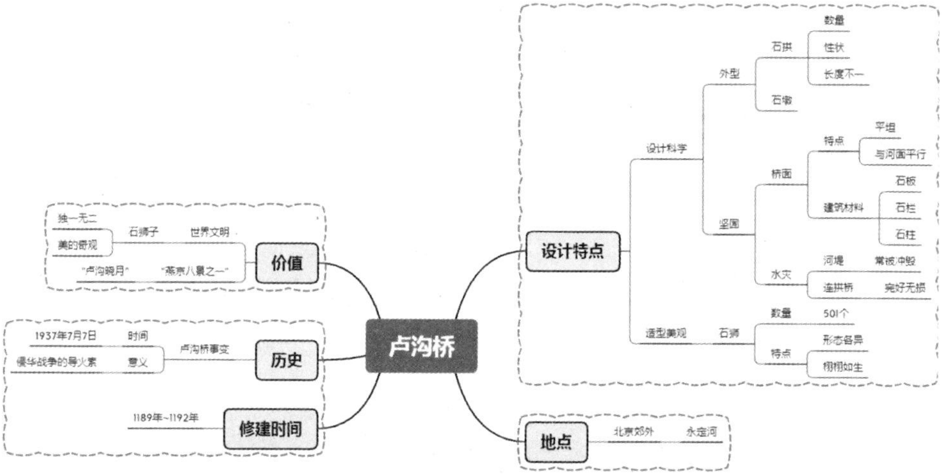

图2-18 “卢沟桥”思维导图效果图

第三章

信息化时代教学资源的管理

随着我国《教育管理信息化标准》的实施和学校现代教育技术的深入发展，教学资源无论数量、媒体种类还是存储传递和提取的方式都发生了很大的变化，尤其是学习资源的可获得性和交互性的快速发展，对教育模式、教学手段产生了震撼性的影响。因此，在信息化教育中进行科学而富有创造性的教学资源管理，已成为学校教育信息化发展必不可少的重要内容。

第一节　信息化教学资源理论基础

一、信息化教学资源的概念

教育资料是指支持教育的所有资源，包括教学资料、支持系统和教学环境等。信息化教学资源是指在信息技术环境下承载教育信息的各种资源，也就是指蕴含大量的教育信息，能创造出一定的教育价值，以数字形态存在的教学材料，包括学生和教师在学习与教学过程中所需要的各种数字化素材、教学软件、补充材料等。

二、信息化教学资源的特点

在网络技术高度发展的今天，信息化教学资源具有以下特点。

（一）存储与传播的数字化

数字化是计算机数据处理和网络传播的本质特性。当今世界，各行各业的信息处理趋于数字化，由计算机和计算机网络构成的信息处理系统和信息传输系统，已将世界的各个角落连为一个村落。在这个世界中，人们在信息处理、加工、传输等方面，都是以数字化方式进行的。

（二）教学资源的丰富性

网络空间无限，通过网络可传送多种媒体教学信息，如文字、声音、视频、动画等，这不但打破了传统教育中单一的教学信息局面，而且极大地丰富了教学资源的种类，满足了不同层次学习者对学习的需求。

（三）教学资源的开放性

网络的飞速发展，使得硕大的地球变为地球村。因此，我们的教学资源也具有了前所未有的开放性。换句话说，教学资源的开放性主要表现在，教学资源完全打破了传统的或者说物理上的空间概念。

（四）教学资源的可扩展性

传统的教学资源，其可加工性、处理性较弱，且不易推广应用，如教学挂图、教学模具等很难进行再加工。信息化时代，完全打破了传统教学资源的这种弊端，使得教学资源具有较大的可扩展性，学习者可以在现有资源基础上进行横向扩展和纵向的精加工，以满足不同学习者或同一学习者不同时期的学习需要。

（五）教学资源的再生性

信息时代是一个富有创造性的时代。信息时代的教学资源可以在学习者的积极参与下，通过学习者利用信息技术对知识的整合、再创造，从而实现教学资源的再加工、再创造，丰富其内容。

（六）教学资源使用的灵活性

计算机网络打破了传统教学资源在使用时的时空瓶颈，学习者在学习时可以自由选择课程、教师、学习进度和学习时间，可以从网上查询自己想学的课程和资料。同时，学习者还可以通过网络向教师提出问题、和其他学生进行讨论。

三、信息化教学资源开发的原则

对信息化教学资源进行开发的过程中应遵循如下原则。

（一）教育性原则

信息化教学资源的开发要符合教育教学规律，符合学生的认知水平，体现学生的认知特点，满足教学的需要，符合教学大纲的基本要求。因此，信息化教学资源在内容呈现上要脉络清晰、简明扼要，用合适的媒体元素恰当地表现教学的内容。

（二）科学性原则

信息化教学资源既要生动、活泼、有趣，又不能违背科学的基本原则，更不能迎合低级趣味。因此，信息化教学资源中的各种操作必须规范、准确；选用的材料、例证和逻辑推理必须是科学的、符合客观规律的；所表现的图像、声音、色彩都要符合科学的要求，不能为片面追求色彩的艳丽、声音的悦耳、画面的生动而破坏内容的真实性。

（三）技术性原则

信息化教学资源的开发要符合技术质量标准，即图像清晰、声音清楚、色彩逼真、声画同步，运行方便、灵活、稳定，操作方便、快捷，交互性强、导航方便合理，容错性好。开发者要熟练掌握有关技术，力求精益求精。

（四）艺术性原则

信息化教学资源的内容力求反映自然和社会生活中真、善、美的事物；画面构图要清晰匀称、变换连贯、流程合理；音乐与声音要避免噪音，音乐要与景物动作相配合，声音要顿挫有致，使听者愉悦；光线与色彩要明暗适度、调配恰当，使学习者感到舒适。

（五）开放性原则

信息化教学资源的开放性，主要体现在开发人员的开放性、资源内容的开放性和结构体系的开放性等方面。开发人员的开放性是指教学资源开发人员既可以是教师、教育专家、学科专家，也可以是学习者及各类愿意贡献智慧和力量的人员；资源内容的开放性是指既要着眼于学校教育、正式教育，又要兼顾非学校教育、非正式教育，要适应泛在学习的需要；结构体系的开放性是指建设的教学资源应该力求立体化、系统化，并能及时更新、补充，具有多样的交互性，实现开放式共享利用。

（六）创新性原则

信息化教学资源的开发一定要与时俱进，以紧贴时代的眼光开发建设教学资源。信息化教学资源创新主要包括理念创新、理论创新、内容创新、技术创新、模式创新、形式创新等方面。

（七）经济性原则

信息化教学资源建设力求以较少的财力、物力和人力，开发出高质量、高水平的资源，切忌重复建设低水平的资源。要注意对现有资源的改造和利用，不能为建而建。因此，信息化教学资源的开发要有周密的计划，避免浪费。

第二节　网络教学资源的获取

随着教育信息化程度的提高，学科教师不管是在课前、课中，还是课后，都不可避免地要使用信息化教学资源。上课前的电子备课（如教学设计的撰写）、课堂上使用的课件与微课、课后的练习与检测（如试卷）等都离不开资源的获取与应用。如今因特网上免费又优质的教学资源越来越多，正确的搜索方法将有助于高效地找到自己需要的学科教学资源。而获取这些优质资源的方法也是多种多样的，有些可以直接下载，有些则需要一定的技术支持。随着收集的教学资源越来越多，就需要对这些资源进行有效的整理和管理。

一、了解和体验国家教育资源公共服务平台

国家教育资源公共服务平台http://www.eduyun.cn/是教育部主办的国家级基础教育资源中心，也是农村中小学现代远程教育工程资源服务平台。该网站为我们提供了海量的资源，并且提供了多种分类检索方式。

（一）注册国家教育资源公共服务平台

点击网站首页左上角的“注册”选项，即可进入注册页面。按照提示完成个人信息的填写后，勾选“您已阅读并同意《国家教育资源公共服务平台服务条

款》”，单击“注册”按钮即可完成注册。注册时填写的登录账号和密码是以后登录资源网时必须填写的，一定要牢牢记住。

（二）资源的浏览

用户可以通过以下两种方式浏览该网站的资源。

第一种，在国家教育资源公共服务平台首页选择“找资源”（图3-1），按照“学前资源”“同步资源”“网校课程”“专题”“中高考”五种标准列出了相应的浏览方式，用鼠标单击任意一个链接，即可进入相应的浏览方式页面。

图3-1　资源浏览方式（一）

（1）按学前资源浏览。在页面上方列出了“年龄”“领域”。用户根据需要选择相应年龄、领域后，再根据需要选择具体浏览的内容。

（2）按同步资源浏览。在页面上方列出了“学段”“学科”“版本”“年级”。用户根据需要选择相应学段、学科、教材版本与年级后，再单击左边教材目录的具体章节，在右侧的“资源列表”窗口中，即可显示出相关章节的全部资源及其简介。

（3）按网校课程浏览。在页面上方列出了“学段”“年级”“学科”，用户根据需要选择相应学段、年级、学科购买相应的网络课程资源。

（4）按专题浏览。在页面上方，列出了“核心价值观”“法制”“行为养成”等12个在教育教学活动中专门研究的题目。用户可以利用这些资源，对学生开展与加强思想品德、卫生、法制、安全、环保等教育。单击左侧分类目录中的相应专题后，在右侧的“资源列表”窗口中即可显示出相关资源及其简介。

（5）按中高考浏览。在页面上方列出了“权威辅导”“考试卷库”和“题库”三个选项，“权威辅导”下又按学段、类型和学科进行分类，“考试卷库”下按学段、试卷类型、年份、学科和地区等进行分类，“题库”下按学段和学科进行分类，用户根据需要选择具体浏览的内容。

第二种，在网站首页中间选择“资源”选项，有进入相应年级、学科、教材版本的快捷链接。用户可以先单击上方的学段，再单击直接与该学段对应的学科、教材版本、年级，即可按教材浏览相关资源，如图3-2所示。

图3-2　资源浏览方式（二）

（三）资源的搜索

在网站首页最醒目的位置有一个空白检索框，在框内输入所需资源的关键词后单击“搜索”按钮，即可找到相关资源。资源检索的准确率与选用的关键词密不可分，在检索框里输入的关键词越多，检索的条件越多，限定的检索范围就越精确，找到的资源就越符合实际需要。为了提高查准率，可以在搜索框里输入多个关键词（中间隔以空格），点击“搜索”按钮。

（四）资源的下载

现以人教2001课标版七年级上册第六单元中《皇帝的新装》一课相关资源的搜索为例，简要介绍国家教育资源公共服务平台中资源的下载。

（1）单击网站首页中间的“资源”选项，单击“初中”学段，在下拉列表里单击“语文”，在右侧文本框中单击“人教2001课标版”，再单击“七年级上册”，单击左侧的教材目录，在右侧资源列表中找到并单击“皇帝的新装”，可呈现出相关资源的信息。

（2）单击所需下载的资源名称，在新打开的窗口里不但显示出该资源的详细信息，还可以看到“下载”按钮。如果是视频资源，还可看到“播放”按钮，单击“下载”按钮即可开始资源的下载。

二、查找教学资源的平台

（一）百度

百度https://www.baidu.com/是全球最大的中文搜索引擎，致力于向人们提供“简单、可依赖”的信息获取方式。除了网页搜索外，百度还提供了众多适合中国用户的个性化搜索功能，如百度快照、拼音提示、错别字提示、英汉互译词典、高级搜索、天气查询等，满足用户多样化的搜索需求。

1.百度百科

百度百科https://baike.baidu.com/是百度公司推出的一部内容开放、自由的网络百科全书，旨在创造一个涵盖各领域知识的中文信息收集平台。百度百科强调用户应积极参与交流和分享，用户只需注册并登录百度网站，即可参与词条的创建和编辑。百度百科的使用非常方便，用户只需在搜索框里输入查询的关键词，如“李白”，单击搜索框上方的“百科”链接，打开“百度百科”页面，即可看到搜索结果。

2.百度文库

百度文库https://wenku.baidu.com/是供网友在线分享文档的开放平台，文档由百度用户上传，需要经过百度的审核才能发布，用户可以在线阅读和下载这些文档。百度用户上传文档可以得到一定的积分，下载有标价的文档则需要消耗积分。我们可以通过百度文库在线阅读和下载教案、课件、习题、论文等资源。

3.百度文库课程

百度文库“课程专区”通过课程化、体系化的梳理和展现方式，将文档资源向体验更佳的多媒体方向拓展，文库课程资源覆盖基础教育、专业技能、职场提升、兴趣爱好等多个领域，在展现形式上采取了“视频+文档”的形式，易于快速学习。

（二）教育主题网站

教育网站是指围绕教育、教学或相关领域而建立的各种主题型网络站点。按照教育网站提供教育资源的性质不同，可以分为教育综合类、教学类、资源类及研究类等不同类型。

1.人教网（http://www.pep.com.cn/）

人教网是人民教育出版社的官方网站，免费向广大教育工作者提供大量系统、优质的教育教学资源。

登录人教网首页，在“教与学服务”栏目里单击不同学段的学科链接。如初中语文，可以进入相应的子网站，通过“同步教学”栏目左侧的导航链接，可以按年级迅速找到并浏览“课程引领、教材使用、教学设计”等教学资源。

2.河南省基础教育资源公共服务平台（http://www.hner.cn/）

河南省基础教育资源公共服务平台是河南省教育厅为促进教育信息化的发展，在各级教育部门的大力支持下主办的省级基础教育资源中心，是农村中小学现代远程教育工程资源服务平台。河南省基础教育资源网拥有大量优质而系统的多媒体资源，无需注册即可免费下载使用。

3.汉典网（https://www.zdic.net/）

汉典网免费供广大网友学习和研究使用汉语，规范汉字。登录汉典首页，在搜索框里输入想要查询的汉字，单击“搜索”按钮即可得到搜索结果。在结果页面的左上角，可以看到该汉字规范的书写笔顺动画。用鼠标单击黄色的小喇叭，可以听到该汉字的标准普通话发音，单击“基本解释、详细解释、康熙字典、说文解字、字源字形”等标签，还能看到与该汉字相关的其他信息。

4.爱词霸（http://www.iciba.com/）

爱词霸是由我国金山公司组建的专业英语学习社区，包含词典、短句、翻译等众多在线工具，致力于英语学习交流、及时反馈英语相关问题。

登录爱词霸首页，在搜索框里输入想要查询的单词，单击“查一下”按钮即可得到搜索结果。结果页面不但能够看到该单词的汉语释义和相关例句，如果用鼠标单击小喇叭图标，还可以听到纯正的英语发音。用鼠标单击爱词霸首页的“翻译”链接，打开“在线翻译”窗口，在左侧的文本框里输入需要翻译的内容，单击文本框下面的“翻译一下”按钮，系统会自动检测中英文并进行翻译。

5.中国中小学教育教学网（http://www.k12.com.cn/）

中国中小学教育教学网是面向基础教育的综合专业教育网，是教育类站点中最有影响力的大型网站之一。

6.中国微课期刊网（http://www.weikechina.com/）

中国微课期刊网在“微”时代悄然兴起的背景下应运而生，旨在提升中小学教师教学水平，并可以向所有教育者和学习者分享优秀的“微”教学成果，为教育信息化的改革与发展提供可参考的依据。

7.网易公开课（https://open.163.com/）

2010年11月1日，中国领先的门户网站——网易正式推出“全球名校视频公开课项目”，首批1200集课程上线，其中有200多集配有中文字幕，用户可以在线免费观看来自哈佛大学等世界级名校的公开课课程、可汗学院、TED等教育性组织的精彩视频，内容涵盖人文、社会、艺术、科学、金融等领域。网易公开课秉承开放、平等、协作、分享的互联网精神，为爱学习的网友创造了一个公开的免费课程平台。

8.优酷教育频道（https://edu.youku.com/）

优酷是中国领先的视频分享网站，优酷教育频道又分为“公开课、TED、公民说、国学开讲、终身课堂、语言学习”等栏目。其中，“终身课堂”栏目下的“教辅公开课”涵盖了初高中阶段语文、数学、英语、物理、化学等多个学科的系列视频，是非常优秀的视频教学资源。

三、搜索学科资源

（一）搜索文字资源

文字资源是最基本、最常用的资源，百度文库或学科网就提供了大量的教学资源，如教学设计、学科课程标准等。本节将介绍使用百度文库和学科网来搜索和下载学科文字资源。

以搜索《钓鱼的启示》教学设计为例。

上课之前的备课、撰写教学设计是教师必不可少的工作，这首先需要充分研究教材，然后构思自己的教学方案。为提高效率，可先在因特网上进行相关搜索，下载阅读，予以借鉴。百度文库提供了大量教学设计类的免费资源，在搜索栏中输入课题，指定格式，即可搜索出该课题的相关资源。由于有些资源下载时需要一定的财富值（下载券），所以注册成为百度文库用户并赚取—定的财富值是很有必要的。

（1）注册百度账号，在浏览器地址栏中输入网址“https://wenku.baidu.com/”，打开百度文库主页，在页面右侧找到登录窗口，完成注册。

（2）获取财富值，用户注册并激活百度账号后登录，完成文档上传，获取财富值。

（3）搜索教学设计，打开百度文库首页，输入关键词，完成《钓鱼的启示》教学设计的搜索（图3-3）。

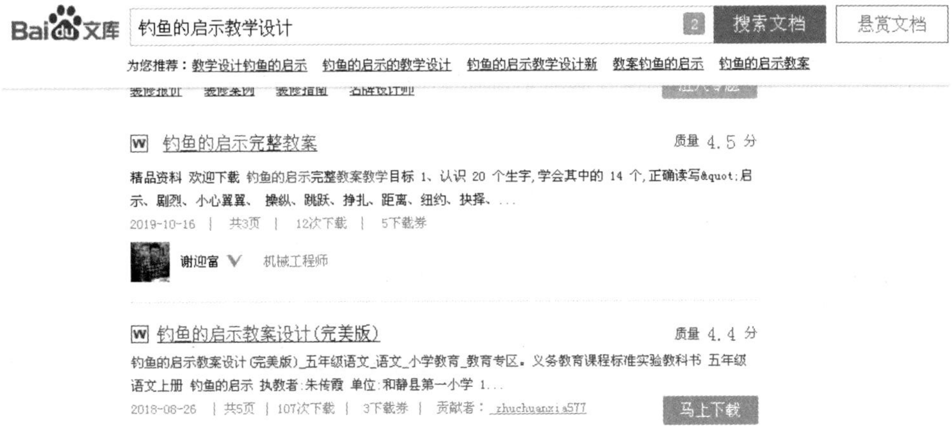

图3-3　搜索教学设计

以搜索数学中考试卷为例。

试卷（试题）和教学设计一样，都是一线教师在课堂中经常要用到的学科资源。下面以搜索“2018年北京市中考数学试卷”为例，介绍如何在学科网中搜索资源。

进入学科网，通过网站的分类导航和筛选功能，可以轻松搜索诸如中考试卷之类的资源。和百度文库类似，学科网有些资源需要一定的点数或储值才能下载，所以一般也要先注册成会员并获取一定的点数。

（1）注册账号，进入学科网首页http://www.zxxk.com/，仿照百度账号的注册方式完成注册。

（2）获取储值，用户注册成功并登录后，选择合适的付款方式，获取储值。

（3）上传资料，获取点数。

（4）搜索试卷，进入学科网首页，完成2018年北京中考数学试卷的搜索（图3-4）。

图3-4 搜索中考数学试卷

（二）搜索图片资源

图片资源是教师在教学过程中应用最广泛的资源，从早期的幻灯片到现在的课件制作，都离不开图片的使用。图片资源可以利用百度图片搜索引擎来搜索与获取。打开百度图片网（http://images.baidu.com），在搜索栏中输入图片内容的关键词，即可搜索到相应的图片。

以搜索无背景荷花图片为例。

制作课件时，有些图片要求是无背景（透明）的。无背景图片通常是以PNG格式存储的，所以在搜索这类图片时，要指定图片格式才能搜索到。

（1）打开百度图片，在浏览器地址栏中输入“http://images.baidu.com”，按回车键，进入百度图片首页。

（2）搜索图片，在搜索框中输入关键词“荷花 png”，如图3-5所示，完成荷花的无背景图片搜索。

图3-5　搜索图片

（3）浏览与下载，在搜索结果中找到自己满意的图片（预览图），完成对该图的原图浏览与下载。

（三）搜索课件资源

在课堂上，直接使用的资源包括音/视频资源、Flash动画资源、PowerPoint课件资源。这些资源除利用搜索引擎搜索及获取外，还可以通过专业资源网获取。

以搜索“二力平衡”课件为例。

“二力平衡”是初中二年级物理学科教学内容，可以在百度文库中搜索有关该课的许多免费课件。百度文库除了拥有大量的文档外，也包含了许多教学中常用的PowerPoint课件。在百度文库搜索课件前，首先要清楚课本的版本、册数和课题，然后再在百度文库的教育专区搜索。

（1）确定课件信息，“二力平衡”是初中二年级物理下册第八章的教学内容，教材版本是人教版。

（2）进入文库教育专区，打开IE搜索引擎，进入百度文库首页，进入文库基础教育专区（图3-6）。

（3）进入学科首页，利用教育文库中的分类导航，进入初中物理人教版首页。

（4）目录查找，根据已确定的课件信息，选择“人教版”“八年级下”，找到“二力平衡”课件。

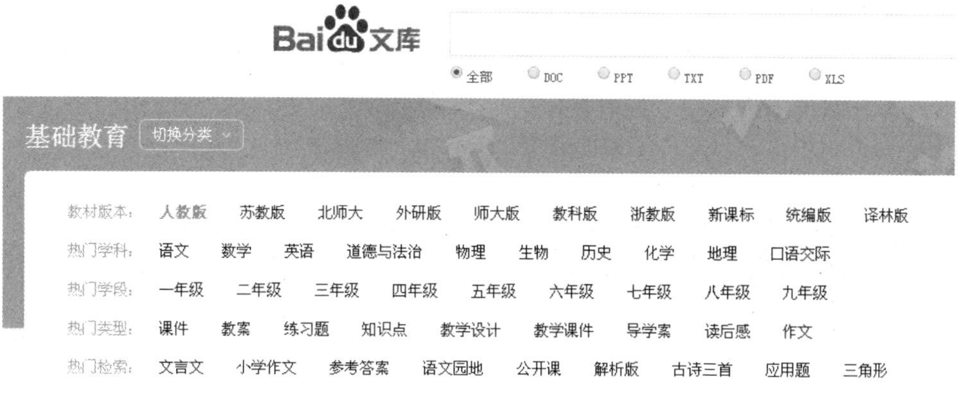

图3-6　进入文库基础教育

四、下载资源

搜索资源是获取资源的第一步，只有下载后才能应用到教学中。

（一）下载图像资源

图像素材是信息化教学过程中必不可少的素材，其获取方式有很多，比如可以通过手机、照相机等设备进行实地拍摄，但在实际组织素材的过程中，除了实地拍摄，更多的是到网络和素材库去获取，虽然这种方式得到的素材不一定完全符合信息化教学情境的需要，但是可以通过后期的加工和处理来达到这一目标。

1.通过搜索引擎在线获取图像素材

到哪里去获取图像呢？一般我们首先想到的是在线搜索。注意，使用搜索引擎搜索图片一定要选择图片类别，在图片筛选中可以进一步缩小搜索范围。

通过图片筛选可以对反馈回来的图像尺寸、颜色和类型进行限制，从而缩小反馈词条的范围，提升搜索精度。

2.通过截图方式获取图像素材

在信息化教学过程中，经常会用到截图。通过截图操作来获取图像素材也是常见的手段，一般我们可以通过QQ截图、网页截图、屏幕拷贝等方式来完成截图。当然，也可通过专门的截图软件工具来获取图像素材。

因QQ软件几乎每台计算机上都会安装，这款即时通信工具广泛流行，所以QQ软件截图是被广泛使用的一种截图方法，快捷键是CTRL+ALT+A。

很多浏览器都具有网页截图功能，例如360浏览器就可以将网页保存为图片，快捷键是CTRL+M，它可以将当前页面保存为PNG、JPG或者BMP等格式的图片。

有些时候，用QQ截图或者网页截图都无法解决时，可以通过键盘上的屏幕拷贝键（PrtSc）来进行全屏拷贝，然后再通过PowerPoint中的裁切工具进行修剪，也可得到需要的图像。

（二）下载音频资源

教学过程中，需要使用音频资源的地方很多，如课件背景音乐、特殊音效、声音素材等。这些音频需要根据不同的来源选择不同的方法才能下载。

制作课件时，有时会用到自然界的各种声音，如流水声。获取这类素材最好的方法是到专业的素材网下载。声音网（http://www.shengyin.com/）提供了丰富的声音素材，可免费下载。

（1）进入声音网，打开浏览器，在地址栏中输入“http://www.shengyin.com/”并按回车键，进入声音网首页。

（2）搜索江水声，按图3-7所示的操作，完成“江水声”的搜索。

图3-7　搜索江水声

（3）试听效果，选择“奔腾江水声”，进入试听网页进行试听。

（4）判断正确链接，在试听页面的下方，找到下载区，判断正确的文件下载链接。

（5）下载声音文件。

（三）下载视频资源

从教学需要的角度看，视频资源主要有直接用于课堂教学的视频片段（如微课）和用于指导教学的课堂实录。这些资源既可以通过教育资源网获取，也可通过爱奇艺、优酷、搜狐等视频网站获取。资源网的资源下载一般比较简单；而在视频网站下载视频，则需要借助网络客户端或其他特殊方法才能下载。

本节将通过实例介绍利用客户端下载视频资源。

刚走上工作岗位的一线教师，观看和研究优秀的课堂实录是提升自己教学能力的一个有效方法。优酷网就收录了许多优秀且免费的课堂实录之类的教学资源。借助优酷网客户端可以轻松观看和下载“海燕”课堂实录。

（1）下载安装客户端，打开浏览器，在地址栏中输入“https://www.youku.com/”并按回车键，单击右上角的“客户端”，进入优酷网客户端下载页面，完成软件下载并安装。

（2）搜索视频，打开优酷客户端，按图3–8所示的操作，搜索“海燕”课堂实录。

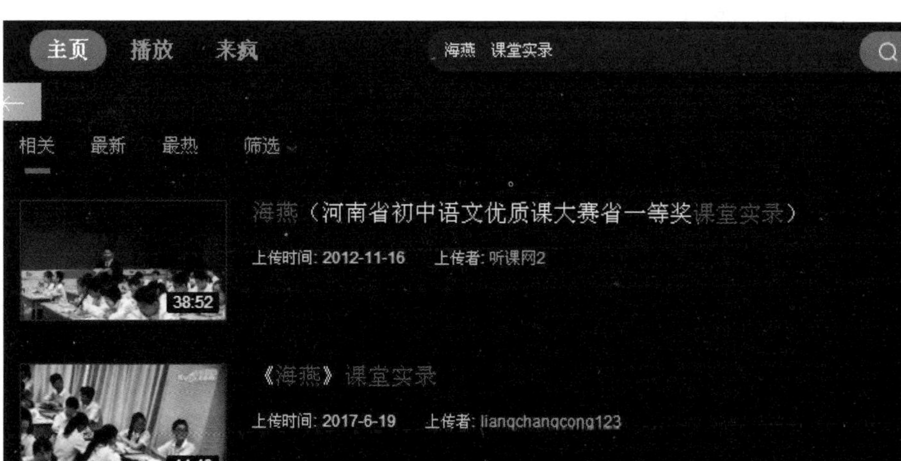

图3–8　搜索视频

（3）找到满意的视频，观看并单击屏幕上方的下载选项，选择保存路径，如图3-9所示。可在下载列表中找到已下载的视频。

图3-9　选择保存路径

第三节　图像与音视频的编辑加工

一、加工图像素材

图形和图像是认识现实世界的重要信息形式，其表现形式生动、形象、直观，具有文本和声音所不能比拟的优点。在多媒体课件中一般要大量使用图形和图像，恰当地处理与加工图像素材是多媒体教学的基础。

前面讲述了图形/图像的获取方法，下面以SnagIt7抓图软件和Photoshop软件为例，对图形进行处理。

（一）利用SnagIt7软件裁剪图形

点击“捕获”按钮，获取的图形自动进入“SnagIt编辑器界面”，如图3-10所示。

图3-10　SnagIt7抓取图形

通过左侧工具栏，可对图形进行裁剪、添加文字、添加线条、选取特定形状等简单的编辑加工操作，如图3-11所示为裁剪后的图形。

图3-11　处理过的图形

选择“文件”—“保存”命令，跳出“另存为”对话框，如图3–12所示，选定保存位置、输入文件名和文件保存类型（可单击“选型”按钮进行该类型的各项技术参数设置），然后单击“保存”即将处理过的图形保存。

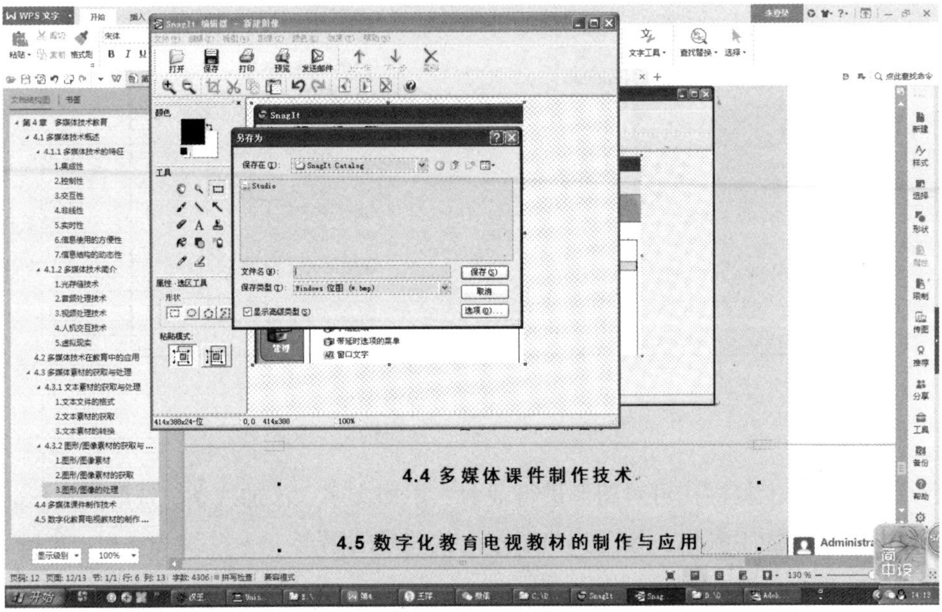

图3–12　保存图形

（二）利用Photoshop裁剪图像

很多时候只需要图片中的某部分画面，此时Photoshop为我们提供了丰富的选择工具和选择方法，只需要选择图像中需要的部分，然后新建文件、粘贴、保存即可，下面就以利用Photoshop工具箱（图3–13）中的选择工具，选择部分画面的方法，学习图像的裁剪获得方法。

（1）打开Photoshop8.0.1应用程序，并在Photoshop中打开图像。

（2）选择工具箱中的矩形选择工具。

（3）在图像上按下鼠标左键不放，拖出运动的虚线框（也称为“蚂蚁线”）选择自己需要的部分（注：矩形虚线框是以拖动为对角线生成），如图3–14所示。

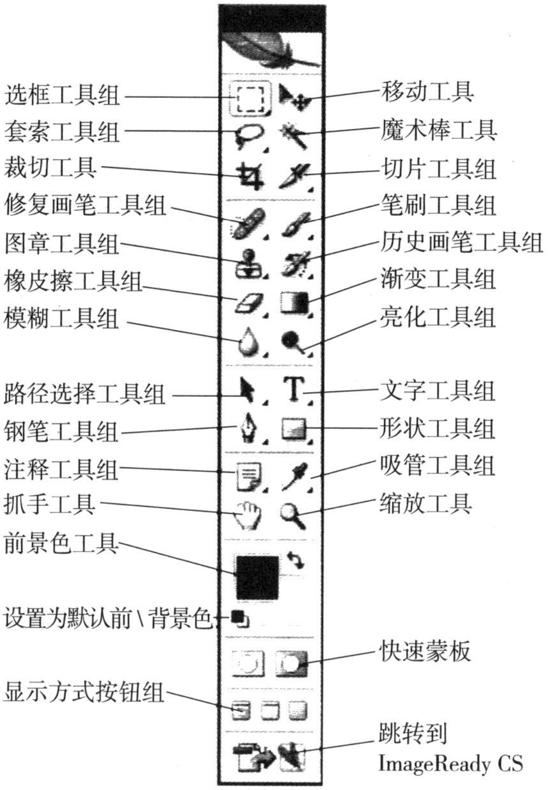

图3-13　Photoshop CS工具箱

图3-14　使用矩形工具选择图像

（4）选择“编辑”—“拷贝”命令，把需要的画面复制到“剪贴板”中。

（5）选择“文件”—“新建”命令，打开“新建”对话框，如图3-15所示，确定大小（注：新建画布大小的默认值Photoshop自动设为“剪贴板”中的画面大小）。

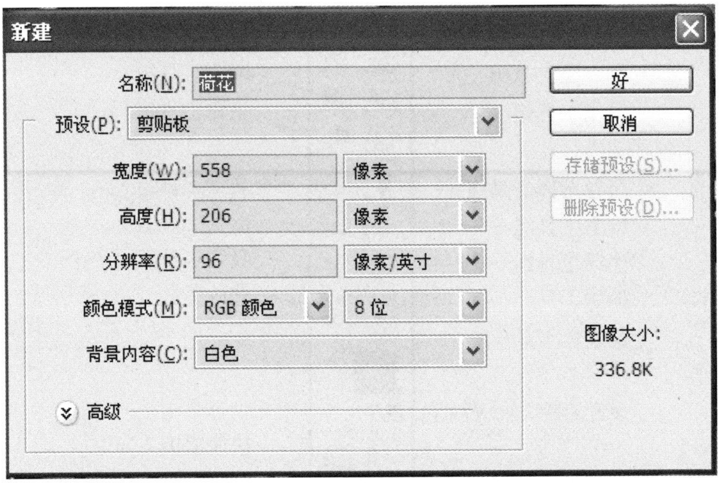

图3-15 “新建”对话框

（6）选择“编辑”—“粘贴”命令。

（7）选择“文件”—“存储”命令，打开“存储为”对话框，如图3-16所示，选中“作为副本”选项，选择好存储文件夹，命名，然后选择存储格式为JPEG（JPEG为比较常用的格式，当然，也可以根据自己的需要选择其他格式），单击“保存”按钮，保存后直接跳回到图3-15所示的对话框，根据自己的需要调整存储品质，然后单击“好”按钮即可（存储品质越高，图像质量越好，但文件越大，根据自己需要调整）。保存的裁剪图像如图3-17所示。

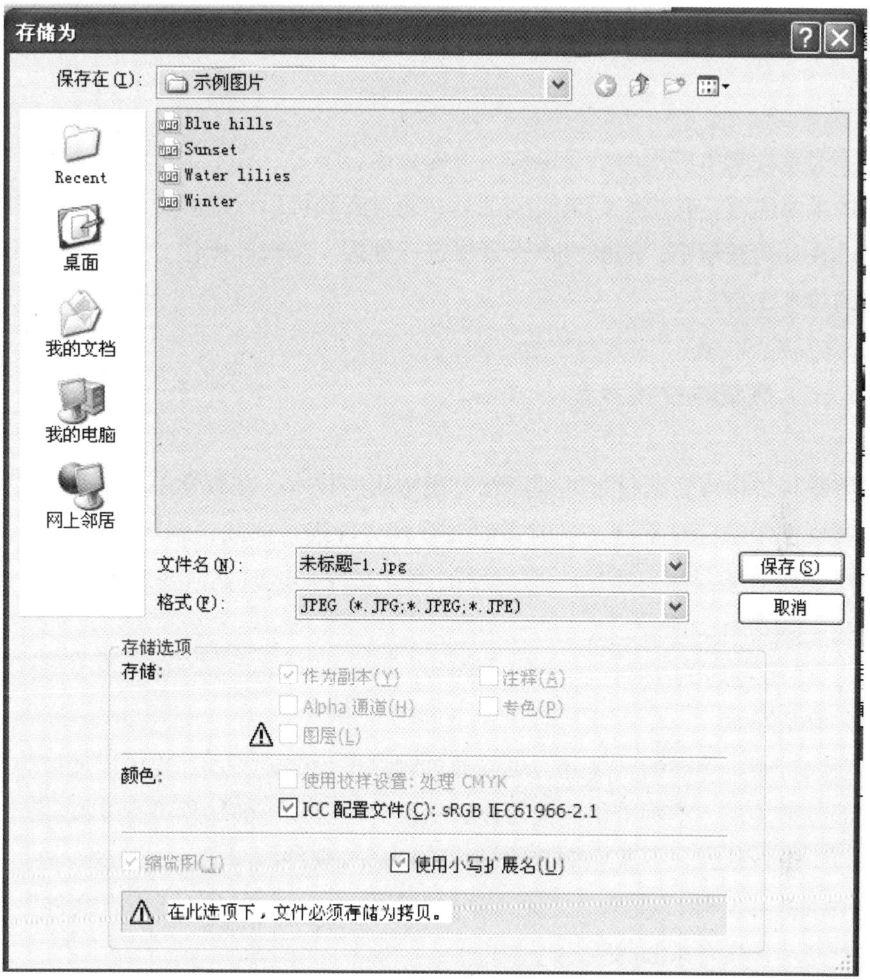

图3-16　图像存储对话框

图3-17　裁剪出的图像

二、加工音频素材

声音是教学中应用的重要媒体，首先在语言学习、音乐学习中，声音本身是学习的重要内容，其次声音是交流工具，通过音频可以传递和交流信息、烘托气氛等。在日常教学中，需要对声音素材进行处理、编辑等操作，这些操作都需要一定的技术支持。

（一）剪裁与拼接声音

剪裁与拼接声音素材是处理声音时最常用的技术，在教学中，有时需要使用某音频文件中的一小部分，这时需要对音频文件进行剪裁，删除不需要的地方；有时又需要对素材进行重组，形成新的声音文件，这时就需要对声音素材进行拼接。

1.剪裁声音

获取音频文件中的一部分，可以通过删除多余部分实现，也可以通过剪裁需要的部分来实现。本例采用剪裁操作，从素材中剪裁出前10秒声音片段。

（1）运行软件，下载、安装并运行GoldWave软件。

（2）打开文件，选择“文件”。“打开”命令，弹出“打开声音文件”对话框，打开“背景音乐.mp3”。

（3）设置“开始”与“结束”时间点，选择“编辑”→“标记”→“设置标记”命令，弹出“设置标记”对话框，修改时间，完成标记设置。

（4）测试声音，单击“控制器”上的“播放”按钮，测试被标记部分的声音。

（5）剪裁声音，单击编辑工具栏上的“剪裁”按钮，完成剪裁操作。

（6）保存声音，选择“文件”→“另存为”命令，弹出“保存声音”对话框，输入文件名，选择保存类型“.mp3”，完成保存。

2.拼接声音

在教学中，经常需要将几段不同的音频拼接成一段声音文件，本例通过Gold Wave中的剪切和粘贴工具实现声音素材的拼接操作。

（1）打开声音，运行GoldWave软件，选择“文件”→“打开”命令，打开文件“bkl.wav”。

（2）复制声音，单击编辑工具栏上的“复制”按钮，全部复制“bkl.way”。

（3）打开声音，在GoldWave中打开“bk2.Wav”。

（4）拼接声音，选择“编辑”→“粘贴到”→“文件开头”命令，将“bkl.wav”粘贴到文件“bk2.Wav”的开头部分完成两个文件的拼接。

（5）测试，单击控制器上的“播放”按钮，测试声音效果。

（6）保存，选择“文件”→“另存为”命令，保存文件。

（二）设置特殊效果

获取的声音素材有时需要设置一些特殊效果，如配乐诗播放时音乐音量需要降低、音乐出现的形式需要淡入淡出、对录制的文件需要进行噪声消除、为素材添加回声等，这些都可以通过GoldWave来加工处理。

1.淡入淡出

一般课件中背景音乐或插入的声音文件播放时，要求声音起始能从无到有、由弱到强，结束时能逐渐消失，这样的设计符合学习者的心理特点。本例通过GoldWave的“淡入淡出”设置，实现声音渐近渐远的效果。

本例选中声音素材前5秒设置淡入，后5秒设置淡出，通过播放测试，调整淡入淡出幅度。

（1）打开声音，在GoldWave软件中打开文件“素材.mp3”。

（2）选取声音，使用鼠标左键拖动选框选择开头约5秒的声音片段。

（3）设置淡入，选择“效果”→“音量”→“淡入”命令，弹出“淡入”对话框，输入初始音量，完成淡入设置。

（4）设置淡出，使用鼠标指针拖动选框，选择结尾约5秒的声音片段，选择“效果”→“音量”→“淡出”命令，弹出“淡出”对话框，参照第（3）步的操作，完成淡出设置。

2.降低噪声

录制声音时如果没有使用专业的设备和环境，总会存在一些噪声，使用Go1dWave可以降低和消除这些噪声。

本例采用一般的话筒录制声音，声音整体存在弱小的噪声，需要整体降噪。另外，录制的声音文件中间部分有一段停顿，只有噪声、没有人声，需要对该部分进行单独降噪。

（1）整体降噪，打开“解说.wav”，选择“效果”。“滤波器”→“降噪”命令弹出“降噪”对话框，进行整体降噪。

（2）复制噪声，选择噪声部分，单击编辑工具栏上的“复制”按钮，完成噪声的复制。

（3）局部降噪，选择“效果”→“滤波器”→“降噪”命令，弹出“降噪”对话框，将“预置”选择“剪贴板噪音版”，完成噪声类型的选择，单击“确定”按钮，完成局部降噪。

三、加工视频素材

视频是由连续的画面组成的，其特点是表达形式直观有效、情境感强，在语言、文字、图片等媒介无法表达时，往往可以选择以视频的方式来表达。视频在物理、化学、生物实验演示，地理环境介绍，历史事件介绍等方面均有大量应用。视频加工软件有很多，如EV录屏、会声会影、Premiere等，本例将介绍如何利用EV录屏、EV剪辑、EV加密等软件加工视频素材。

（一）录制视频

EV录屏是一款集本地视频录制和在线视频直播推流等多项功能的多媒体软件。非常实用、可以轻松地运作录制电脑屏幕。

本节将介绍如何在“EV录屏”软件中录制PPT。

（1）下载、安装并运行“EV录屏”软件。

（2）单击右上角的“设置”，再单击“鼠标设置”，出现录制鼠标前方框中有勾，点击去掉勾，如图3–18所示。

（3）保存路径可以修改，一定要指定保存到某个文件夹下（点击“更改目录”，选择后点击“打开文件夹”）保存文件名可在录制后修改，如图3–19所示。

（4）打开PPT，首页须有题目、学校、教师，可加入教材版本。

（5）播放PPT（首页），使用快捷键“Ctrl+F1”3秒钟后开始录制，“Ctrl+F2”停止录制。

（6）更改视频名，自动为年月日时间，可改为“课题名称（学校+姓名）”，如图3-20所示。

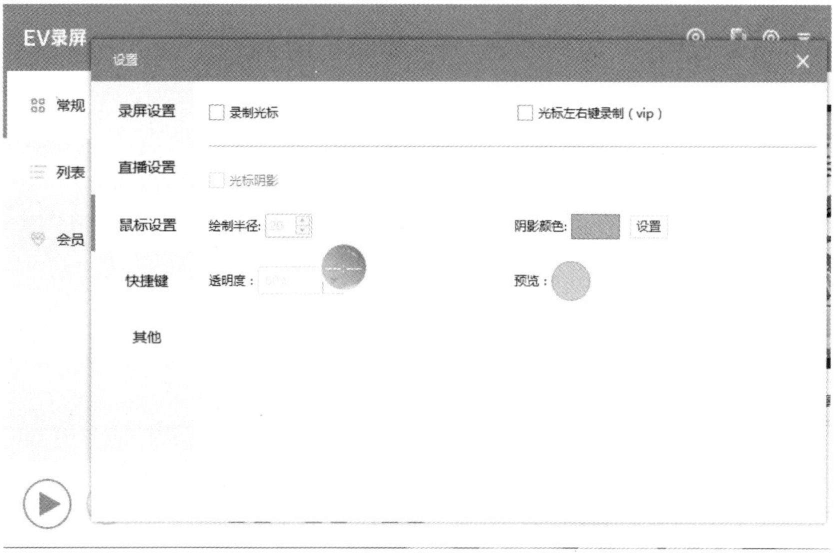

图3-18　鼠标设置

图3-19　保存路径设置

图3-20　更改视频名

（二）剪辑视频

根据教学的需要，获取的视频往往需要进行内容的删减，可以利用“EV剪辑”软件对素材进行剪辑。

EV剪辑操作简单容易上手，支持全格式精准剪辑，实现水印添加、配音、字幕、多轨道剪辑等多种功能。

（1）运行“EV剪辑”软件。

（2）点击“添加”，对视频、音乐和图片的添加，在弹出的窗口里进行选择，如图3-21所示。

（3）将添加进去的视频、音乐和图片拖动到下面对应的轨道上，如图3-22所示。

（4）添加字幕和配音，直接在轨道上方的“字幕”和“配音”进行点击选择。字幕先创建一个模板，在模板里编辑。配音时可以直接点击“配音”进行。如图3-23所示。

（5）“分割”是对素材进行裁剪，点击“分割”会出现一把剪刀，把剪刀对准所要裁剪的视频或者音乐等进行（因截图的原因没有出现剪刀的形状），如图3-24所示。

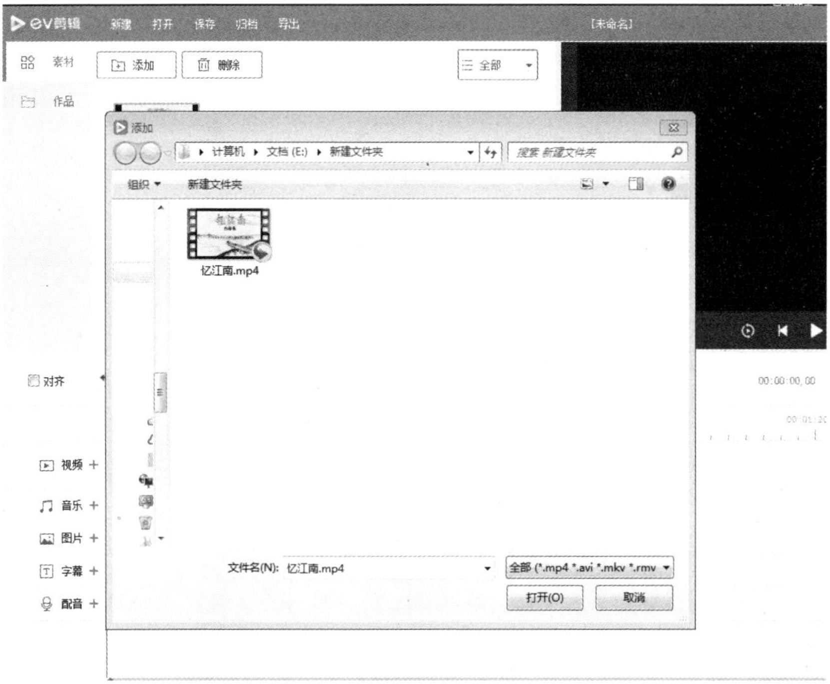

图3-21　添加视频

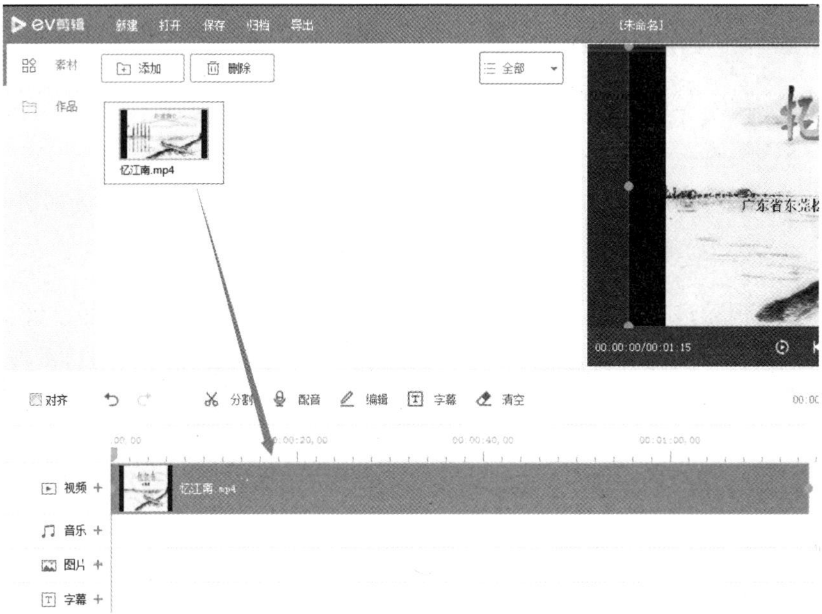

图3-22　将视频拖动到轨道上

图3-23　添加字幕和配音

（6）对视频进行保存，点击左上方的“保存”，选择需要保存的位置，如图3-25所示。这里的保存仅指保存了这个项目，便于下次直接打开项目进行编辑，注意并不是保存的视频。保存视频的话需要点击“导出视频”。

（7）对编辑加工的视频进行导出，点击“导出视频”。可以在弹出的窗口里进行一些导出参数的设置，如图3-26所示。

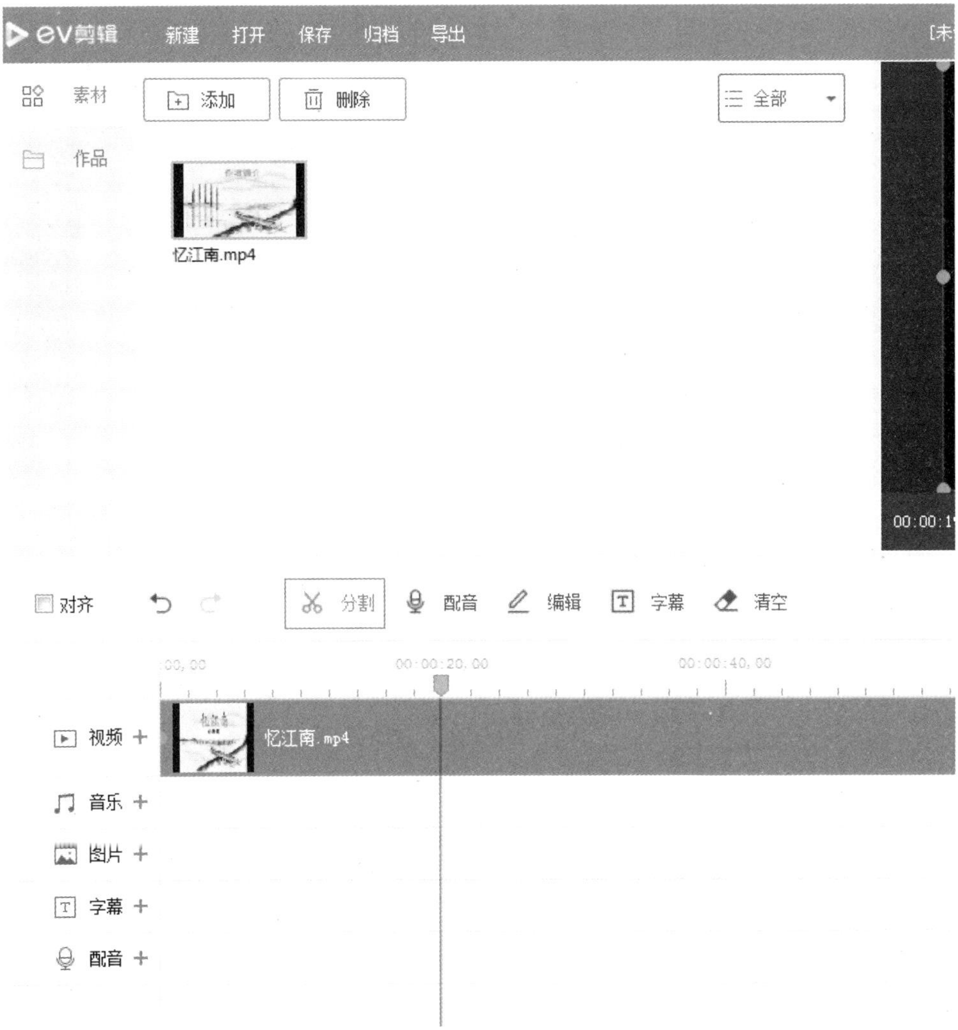

图3-24　对素材进行裁剪

图3-25　保存视频

图3-26　导出视频

（三）视频转换

利用EV录屏可以将高清转码转换为视频格式，其具体操作方法如下。

（1）打开EV录屏→菜单界面→找到“会员专区”→打开“高清转码”，如图3-27所示。

图3-27　高清转码

（2）在弹出的“格式转换”界面，开始“添加”需要转换格式的视频，如图3-28所示。

（3）选择需要转换格式的视频（按住Ctrl键可以一次选择多个视频）。

（4）添加完视频后，选择“导出格式”→选择“导出目录”→选择“开始转换”，如图3-29所示。

（5）导出完成，在指定的导出目录即可看到转换后的视频。

图3-28　添加视频

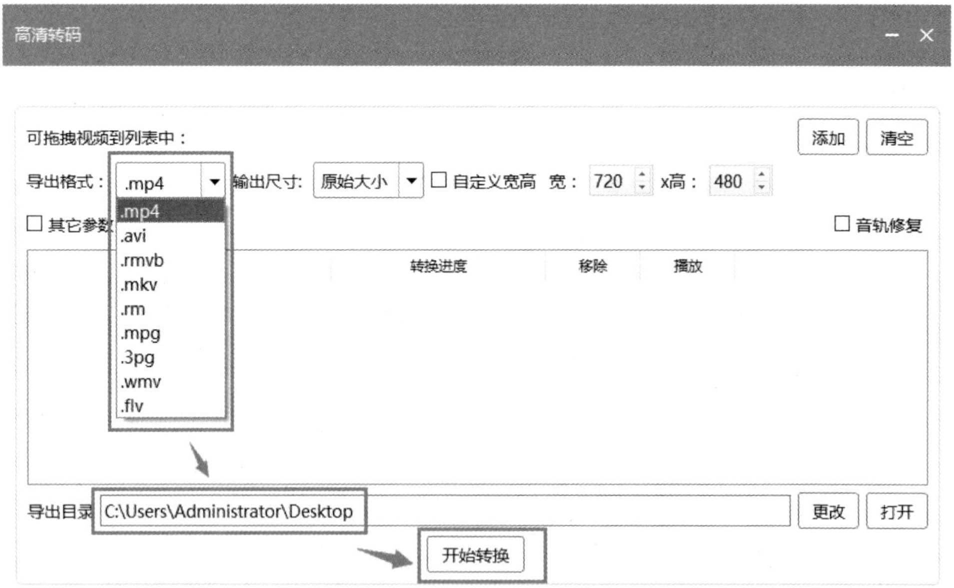

图3-29　转换视频

第四章

信息化时代教学设计与教学模式创新

信息技术的飞速发展，不断促进信息化教学的发展，信息技术融入教学活动已成为一种发展趋势。本章从信息化教学的基本概念入手，介绍现代教育思想、人的全面发展理论、传播理论、系统理论、建构主义学习理论；阐述不同教育信息化环境下的教学设计、不同类型的信息化教学模式；同时介绍师生教学App互动。

第一节　教学设计与教学模式理论基础

信息化教学是指以现代教学理念为指导，以信息技术为支持，应用现代教学方法进行人才培养的教学活动。随着信息技术与网络技术的飞速发展与全面普及，使得信息技术成为现代教育技术的核心技术，用于支持与优化教学活动各个环节，使教学环节数字化、信息化，旨在提高教学质量和效率。信息化教学过程中，需要充分利用信息技术，开发利用多媒体教学资源，促进信息交流和知识共享，充分提高学习进程的效率与质量。信息化教学要求观念、组织、内容、模式、技术、评价、环境等因素信息化。

信息化教学设计与教学模式，需要现代教育思想、人的全面发展理论、传播理论、系统理论、建构主义学习理论的指导。

一、现代教育思想

现代教育思想是指以我国进入改革开放和社会主义现代化新时期为背景，以近代特别是20世纪中叶以来世界现代化历史进程及人类的教育理论与实践为时代背景，研究我国当前教育改革的现实问题，以阐明我国教育现代化进程重要规律的教育思想。在众多的现代教育思想中，对信息化教学设计影响较大的教育思想主要有素质教育与创新教育。

（一）素质教育

1.素质教育的基本概念

素质教育是指一种以提高受教育者诸多方面素质为目标的教育模式。它重视人的思想道德素质、能力培养、个性发展、身体健康和心理健康教育。

2.素质教育的基本特征

（1）全体性。全体性广义上是指素质教育必须面向全体人民，任何一名社会成员，均必须通过正规或非正规的途径接受一定时限、一定程度的基础教育。全体性狭义上是指全体适龄儿童必须接受一定时限、一定程度的正规基础教育。

（2）基础性。基础性是指向学习者提供基本素质的教育，让学习者拥有人类生活的基础知识与基本技能。

（3）发展性。发展性是指着眼于培养学习者自我学习、自我教育、自我发展的知识与技能，真正把培养学习者的重心转移到启迪心智、孕育潜力、增强后劲方面，使学习者具备进一步发展的基础。强调培养能力、促进发展，素质教育的发展性强调“学会如何学习、学会如何生存”。

（4）全面性。全面性是指对学习者进行全面的基本素质教育，促使学习者基本素质的全面提高。全面发展既要讲共性，又要讲个性，允许一个群体中个体之间有差别地发展。个性是指公民基本品质和素养的总和在每个学习者身上不同的优化结构。

（二）创新教育

1.创新教育的基本概念

创新教育是指以培养人们创新精神和创新能力为基本价值取向的教育。创新教育着重研究与解决在九年基础教育领域，如何培养中小学生的创新精神、创新能力、创新人格问题。

（1）创新精神。创新精神是指主体创新的内部态度与心向，是创新的人格特征。创新精神的教育内容主要包括：有好奇心、探究兴趣、求知欲；对新异事物的敏感，对真知的执着追求，对发现、发明、革新、开拓、进取的百折不挠精神。

（2）创新能力。创新能力是创新的智慧特征，是指主体创新的活动水平与技巧。

（3）创新人格。创新人格是指有利于创新活动顺利开展的个性品质。它具有高度的自觉性和独立性，是一个人的品质与德行问题。创新人格包括创新责任感、使命感、事业心、执着的爱、顽强的意志毅力，能经受挫折、失败的良好心态，以及坚韧顽强的性格。创新人格是坚持创新、做出成果的根本保障。

2.创新教育的主要特性

（1）特异性。学习者个体的特异性：不同学段、年级、个体的学习者有其共性特点，也有其个性差异，应鼓励学习者的个体发展，不可强求一律，扼杀学习者个体的创造性。学习者的创新与人类总体创新的特异性：学习者的创新与专家学者的创新相比，其共同点是探新、改革，有所创造，有所前进；不同点是学习者的创新只是相对于自己原有的水平而言、相对于同学群体的水平而言，确有新的开拓与前进、个人独到的见解：从社会或科学发展的角度看，并不算真正的发明或发现。

（2）全面性。创新教育要求引导学习者掌握全面的、百科全书式的基础知识，开发学习者各方面的潜能，使学习者在德、智、体、美、劳等方面都得到发展。创新教育是学习者赖以创新的基础与源泉，创新不能只靠1～2种素质，它要求开发人各方面的潜能和整体素质。将一个人的全部经验、智慧、能力、情感和意志以最佳方式组合起来，用于解决问题，才能真正有所创新。

（3）探究性。创新教育离不开对问题的探究。在教学或教育活动中，对问题的探究会吸引学习者的主动参与，独立思考、思维的激烈碰撞，使学习者的思维和能力得到提高。创新教育鼓励学习者独立思考、积极探索，提出独到的见解、做法，完成富有个人特色的创造性作业，并注重让学习者在探究过程中，不仅扩充个人的知识视野，而且形成探究兴趣、创新性思考、学习能力、人格和习惯。

（4）开放性。学习方面的开放，对创新更为关键。引导和鼓励学习者突破课堂教学的局限，根据自己的兴趣与可能，通过课外阅读、参与课外活动来扩充知识，扩大视野，经受各种锻炼。创新教育注重联系学习者社会生活的实际，联系当代世界社会、经济、科学技术和文化发展的实际。

二、人的全面发展理论

教育目的既是教育活动的宗旨，也是教育活动开展的依据。在不同的社会历史时期，由于受到历史条件、教育价值观的制约，把受教育者培养成何种质量规格的人才要求各不相同。中国古代教育家提出通过礼、乐、射、御、书、数的教育培养国之“士”；古希腊的教育家在教育中开设“七艺”，培养健康体魄、有道德、有美感的人；而在哲学成为神学婢女的中世纪欧洲，教育要培养为宗教神学献身的禁欲主义僧侣。

（一）马克思主义“人的全面发展”理论

人的发展始终是思想先驱们所思考的问题，普罗泰戈拉、圣西门、傅立叶等人均对人的发展进行过探讨。但直到19世纪中叶，马克思与恩格斯在吸收前人理论的基础上才提出了人的全面发展理论，标志着人的发展理论正式确立。

马克思在青少年时代就开始思考有关人的发展问题，在《青年在选择职业时的考虑》中指出，职业选择的主要指针是人类的幸福和自身的完善，这是马克思对于人的发展的最早描述。在进一步的思考下，马克思在《1844年经济学哲学手稿》中初步提出了人的全面发展的思想，指出人以一种全面的方式，也就是说，作为一个完整的人，占有自己的全面的本质。而在《关于费尔巴哈的提纲》中，马克思指出实践对于全面发展的重要意义。这一系列理论初步形成了马克思关于人的全面发展思想。其后，马克思和恩格斯在《哲学的贫困》《共产主义原理》《共产主义信条草案》，以及在《共产党宣言》中进一步论述和发展了这一思想，最终形成了完整的关于人的全面发展理论。

马克思主义关于“人的全面发展”理论，概括起来主要包括以下几个方面内容。

1.人的需要的全面发展

马克思认为，需要是人的本性，需要是人类一切活动的源泉和动力，没有需要，就没有生产。人正是为了满足自己的生存、享受和发展需要，才进行物质生产和社会活动。人的需要的不断丰富和全面，标志着人本质力量新的呈现和人存在的充实。满足正当需要是人不可剥夺的权利，一切压抑人的正当需要，都是违背人性的，都从根本上否认了人本身。所谓人的需求的全面发展，就是除了物质需求以外，社会关系方面的各种需求和精神生活中的各种需求，以及自我实现和发展、自由的需求等。

2.人的主体性的全面发展

人的主体性是指凭借自己的综合素质与实践活动而处于支配地位，成为主人的人所具有的特殊属性。马克思认为，人是社会历史的主体，人的主体性是人在创造自己历史的活动中所表现出来的能动性、创造性、自主性。

3.人的能力或才能的全面发展

马克思把人的能力的全面发展看作人的全面发展的核心。人的能力的发展是人的全面发展的重要内容，发展人必须发展人的各种才能。人的能力是多方面的，包括人的自然力和社会能力、潜力和现实能力、体力和智力等。只有人的这些能力或才能都得到充分发展，才是真正的全面发展。

4.人的个性的自由发展

人的自由个性是人的本质力量发展的集中体现，是个人的生理素质、心理素质和社会素质在不同社会领域的集中表现，是人的自主性、能动性、独特性、创造性的充分展示。马克思指出个性的自由发展就是“一切天赋得到充分发展”。

5.人的社会关系的全面发展

人的社会关系是指人与自然、社会以及他人的关系。社会关系是人的现实本质，或是人的本质的现实性表现。马克思认为，人的本质并不是单个人所固有的抽象物，在其现实性上，它是一切社会关系的总和。因此，人必须积极参与社会生活多个领域的交往，在交往中形成丰富而全面的社会关系。可见，人的全面发展的核心内容就是人的本质的全面发展。人的本质的全面发展，也就是人的社会属性即人的社会关系的全面发展。人的本质的丰富性、全面性取决于社会关系的丰富性、全面性。没有个人与社会之间的普遍联系，个人的才能就不能得到发展，人的社会性质也不能得以充分体现。只有人的社会关系得到高度的丰富和发展，人的全面发展才有可能。

（二）人的全面发展是现代教育的共同追求

古希腊哲学家亚里士多德主张“和谐教育”。夸美纽斯在其名著《大教学论》一书中，提出了泛智教育的理想，希望所有的人都受到完善的教育，使之得到多方面的发展，成为和谐发展的人。法国启蒙思想家卢梭是自然主义教育思想的代表，他认为教育的目的和本质，就是促进人的自然天性，即自由、理性和善良的全面发展。瑞士教育家裴斯泰洛齐倡导教育应以善良意志、理性、自由及人的一切潜在能力和谐发展为宗旨。

（三）人的全面发展是21世纪社会发展的要求

21世纪，全球正在全方位迈向知识经济时代，这是一个不可抗拒的历史性转变。知识经济本质上是人才经济、头脑经济、智慧经济。

知识经济中，以知识、信息为基础的产业将占越来越大的比重，“生产”过程日益“非物质化”“智力化”，人与物质和技术的关系将降至次要地位。要求人才从学会掌握某种职业的实用技能，转向注重培养适应劳动世界变化的综合能力（包括劳动技能以外的合作精神、创新精神、奉献精神、交流精神等）；要求人才不仅具备智力技能，还需要具备社会技能，包括人际关系处理技能等。

随着科学技术的迅速进步，原有的职业会被淘汰，新的职业将陆续产生。一个人多次变动工作或劳动场所将是常事。追求人的全面发展，重在培养素质、能力，才能适应21世纪社会发展的要求。

三、传播理论

传播学诞生于20世纪40年代，美国学者施拉姆综合新闻学、心理学、政治学、语言学等学科的研究成果，对信息传播做了深入研究，创立了传播学。随着传播学的发展，逐渐形成了大众传播学、经济传播学、教育传播学等多个分支。教育传播学综合运用教育学和传播学的理论与方法，研究和揭示教育信息传播活动的过程与规律，以求得到最优教学效果。教育传播的过程是教育者借助教育媒体，向受教育者传递和交换教育信息的过程。教育传播过程的设计包括：教育信息的设计，具体包括教学内容的选择、安排与组织；受教育者特征的分析，包括一般特征、原有知识基础、学习态度等；教育媒体的设计，包括创设学习情境辅助教学（学习）工具；教师与学生活动的设计，当前流行的三种设计方法为基于问题或项目的设计、学生自主学习策略的设计、协作学习策略的设计。

四、系统理论

系统科学方法是指用系统的思想来研究对象，即从系统和要素、要素和要素、系统和环境之间的相互联系与相互作用的关系中综合考察对象，以达到最佳效果。系统方法体现的是一种整体性原则，通常表述为“整体大于部分之和”。系统方法要求系统达到最优化，从系统的多种可能性中，选择最佳的系统方案，使系统处于最佳状态。系统分析过程如下。

（1）对系统的定义，即指出研究的范围，确定研究对象的界限。

（2）提出理想系统中应具备的各种要素。

（3）确定理想系统应该具备的最佳环境。

（4）构建理想的系统图，指明系统的结构和功能。

（5）明确现实系统中实际具有的元素。

（6）明确现实系统的环境元素。

（7）构建现实的系统图。

（8）修改系统图的结构（元素的连接方式）。

系统分析方法在应用中应该注意以下几个问题。

（1）系统图不是流程图，而是关系图。

（2）系统中的各元素以及环境中的各元素是抽象的结果。

（3）系统中的各元素应该在一个层次上。

（4）环境中的元素也应该在一个层次上，如果不在一个层次上，则应该分层。

（5）修改系统图改变的是连接方式，而不是改变元素。

五、建构主义学习理论

建构主义是当代学习理论的革命，是信息化教学模式建构的关键理论基础。

（一）建构主义学习理论的基本要素

1.要素框架

情境、建构、专注、能力和共同体是建构主义学习理论中的关键性和共同性要素。建构主义学习理论的要素框架，如图4-1所示。

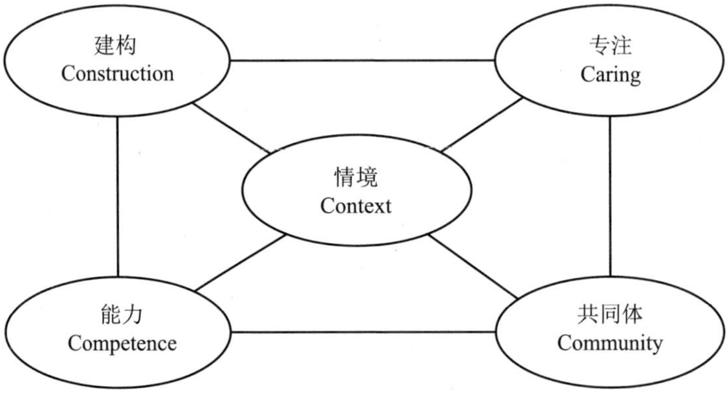

图4-1　建构主义学习理论的要素框架

2.要素释义

（1）情境（context）：学生应该意识到情境对学习活动以及学习效果的影响，

包括客体、人、符号等多种环境条件因素。在力求学习任务与现实条件相匹配的条件下，能实现更高层次的环境创造，帮助知识进行情境的转移，促进学生进行发现、探索、实践和建构探索的多种学习活动。

（2）建构（construction）：在实际建构与虚拟建构的支持下，实现心智的模式化，即顺应新经验的变化，重新构建心智模式，诸如搭积木这类实际建构和在计算机屏幕上绘画等虚拟空间的建构。建构在学习活动中具有至关重要的作用，其意义不容忽视，它除了为学生顺利完成学习上的建构任务提供强有力的支持外，还为学生将来能更好地在职业生涯中胜任知识工作，提供了相应的方法指导。

（3）专注（caring）：在学习过程中，学生内在的动机对更好地完成学习任务有着极大的推动作用，甚至比外在动机的作用更加明显。通过一项有关研究证明，学习者如果能从内心真正关注自己的学习任务，激发内在的动机，那么其完成任务的效率就越高。在这种信息化时代，当学生面临一些较为困难、棘手的任务时，就需要发挥自身自立、自主和自我激发的能力，力求出色地完成任务。

（4）能力（competence）：每个人因为其行为类型和爱好特长不同，就会形成不同的智能结果。在提出的多种智力理论中，都强调多样化的学习方法、多种学习风格，以及多种理解表达方式相适应的状态，其重要作用不言而喻。因此，多元智能的发展以及相互匹配对创造性地解决问题、不同小组的协作，以及对产品的时尚设计都起到了至关重要的作用，使其获得最大化的效益。

（5）共同体（community）：注重学习共同体的作用。信息时代的学习或者工作，都需要同伴之间的协作学习、共同体的学习等方式来应对出现的问题。通过小组之间的互动、同伴、指导教师的指导建议，以及工具、条件等各种环境因素的影响，能够有效地促进学习者掌握相应的时代知识与能力需求，更好地适应未来社会生活。由此可以看出，实践共同体对知识时代的学习和实现自身终身学习有巨大影响。

（二）建构主义的知识、学习和教学隐喻

1.建构主义的知识隐喻

（1）知识的建构性。在个体新旧经验的相互影响、相互渗透下完成认知主体的积极建构，从而就形成了知识。由此可以看出，知识是人对有关世界的主动创造意义，而不是对现实意义的发现。而个体认知功能的适应性，能促进主体对这

个无限复杂世界的创造和组织。

（2）知识的社会性。知识受个体大脑控制的同时也受社会共同体的影响，在个体与社会的互动交流中，以工具为中介进行转化，形成一个完整的发展实体，因此建构主义着重强调知识的社会本质。

（3）知识的情境性。知识不仅是个体内部的反映，同时也是个体与社会进行协商互动的产物，建构主义对学习的社会、历史和文化本质做了深刻研究与分析，强调认知与学习的互动特性与在实践中实现认知与学习。

（4）知识的复杂性。世界的高度复杂以及普遍联系性决定了知识的复杂性，它很难实现人与人之间的相互传递。认知者运用自身独特的建构方法，对在特定情境中经过求知过程产生的知识进行建构，形成自身独有的知识结构，这种求知过程可以是对真理的质疑、对知识的好奇与渴望等。知识的建构性、协商性、情景性以及结构的开放性和不良性都属于知识的主要存在特征。

（5）知识的沉默性/隐性。知识由真实存在于个体内部和外部的显性知识和源于个体生活经验的隐性知识构成。运用显性知识进行互动与交流，隐性知识弥漫于人的意识活动中，对个体进行知识层次的融会贯通有着至关重要的作用。由于隐性知识的重要性，因此建构主义更加强调要进行隐性知识的了解与学习。

综上所述，建构主义强调的是知识的建构性、社会性、情景性、复杂性以及沉默性。它是一个不断认知、体验和建构的过程，因此对于“知识”这一词性的准确表达，应该承认其动词的特性，而不应仅从名词的角度来看待。

2.建构主义的学习隐喻

建构主义学习理论强调的是知识的建构而非传授，是个体与社会互动的产物，其核心在理解和意义制订方面，并不是针对知识本身进行研究。根据建构主义对知识特性的描述，其对学习的概括有以下几个层次。

（1）学习是知识的建构。

（2）学习是知识的社会协商，强调知识的社会本质。

（3）学习是活动，是交互和实践的产物，是概念和情境的变化。

（4）学习是在一定的情境脉络下，对知识进行质疑、探求、建构和协商的过程，是一种深度描述/学习。

（5）学习是分布式的。将总体的记忆分成各个部分存储于共同体的各个成员当中，这就是所说的分布式记忆。

（6）学习是对环境给养的感知。环境给学习提供一个物质前提，在与环境作用相互感知的过程中实现学习。

（7）学习是混沌的。学习并不是在特定情况下才会发生的，它的出现具有一定随机性。

3.建构主义的教学隐喻

从建构主义的知识隐喻和学习隐喻中，可以总结出五大相关的教学隐喻。

（1）个人意义的学习环境建构是在教学提供的认知工具和丰富资源的前提下，通过学习者与外部环境的交流互动实现的。

（2）建立有助于交流、协商的“学习共同体或学习者共同体”。

（3）主动为学生提供真实的学习情境，鼓励学生积极参与，让学生在实践过程中实现所学知识的运用。

（4）在多维度的知识组成系统中进行知识学习，在其掌握和运用的过程中要遵循知识的多元化特征。

（5）重视隐性知识的学习与扩展，创建符合隐性知识的学习环境，在人与人、人与社会环境的互动中，发挥个体的自身经验所隐含的隐性知识作用，潜移默化地进行知识的内化，并在不断的实践中积累相关社会经验，丰富个体的隐性知识。

第二节　教育信息化环境下的教学设计

一、信息化教学设计的内涵

信息化教学设计是教学设计发展到信息时代的一个新名词。信息化教学设计的内涵主要体现在三个方面：它首先是一种以传播学、学习理论、教学理论为基础，运用系统科学方法，分析教学问题，提出最佳解决方案的理论和方法；其次它是一个按照教学目标、教学内容，根据学习环境和条件，为学生策划学习资源和学习活动的过程；最后它是一个包括确定教学目标、分析学习者特征、分析教学内容、选择教学媒体和教学策略等具体计划内容的教学准备工作，能够体现出教师的教学理念、设计思路、教学意图。

二、多媒体环境的教学设计

随着信息技术在学校教学中的广泛应用，信息化的教学环境已成为实现教学改革、学习方式变革的必要基础和前提。相对于传统的以粉笔和黑板为主的教学环境，多媒体教室则是在传统教室的基础上，增加了多媒体计算机和配套的显示设备之后形成的教学环境，并且多媒体教室已成为学校信息化教学应用中最为典型且普遍的支撑环境。

在多媒体教室环境下，为了达到更好的教学效果，充分发挥多媒体设备辅助教学的作用，在设计课堂教学过程中，需要注意以下3个方面。

（一）根据学习者特征及其认知需要选择使用多媒体

在设计多媒体教学时，学习者特征及每个年龄段特有的认知结构是我们不能忽视的一个方面，教学的设计只有与学习者的特征相适应，才能达到“物尽其用”的效果。

在小学低年级，学生的思维方式以直觉思维为主，可以灵活采用一些图片、动画、视频、音频等媒体资源来丰富教学内容的表现形式，并通过多媒体的呈现形式，在对学生的视觉、听觉通道进行刺激强化、吸引注意力的同时，使教学内容更为直观、形象化，帮助学生理解、掌握知识点，也进一步保证了学习质量。而对于小学高年级的学生来说，此时的多媒体教学重点，应是帮助学生完成直观思维到抽象思维的过渡。因此，这一阶段的形象化教学可以适当减少。

在中学阶段，帮助学生学习抽象概念，培养学生的逻辑思维能力是这一阶段的重要任务，尽管这时的形象化教学仍不可或缺，但是更多的时候，多媒体是作为一种辅助理解抽象概念的手段出现在教学中的。例如，“算法与程序设计”一直都是中学信息技术教学的一个难点，难学且难教，而近两年则出现了一系列的趣味编程软件，我们最为熟悉的应是Scratch，通过可视化的编程方式，Scratch不仅降低了编程难度，还使程序设计思想更为简明易懂，使枯燥无味的内容更具趣味性，很好地激发了学生学习程序算法的积极性和主动性。

（二）根据实际的课堂活动需要选择适当的多媒体和资源形式

教学活动是课堂教学的基本组成单位，教学活动是否能够有效开展，直接影响着课堂的教学效果。在多媒体教室中开展教学活动时，需要依据实际的课堂活动选择适当的辅助多媒体和资源。例如，在进行教师演示软件、学生观察模仿的教学活动时，教师可将自己在多媒体计算机上的操作过程进行实时投影，帮助学生以一种“间接”但直观的方式观察教师操作的全过程，方便学生进行模仿操作，掌握软件操作技能。又或者是，在进行传统的讲授式教学时，教师便可通过多媒体计算机来播放展示各种辅助学生理解的教学资源，帮助学生进一步加工信息、建构知识。

（三）注意选择运用多媒体的最佳时机

实际上，教学媒体和资源的使用对教学效果有着重要的影响，多媒体的使用不仅要恰当，还要适时。多媒体最佳的使用时机是指在课堂教学活动中能够较好地发挥多媒体的技术优势，帮助学习者保持或者转化形成良好的学习精神状态，以保证达到最终的教学目标。在运用多媒体教学的过程中，有以下3点建议。

1.无意注意的适时调动

注意力对学生的学习起着主要的作用，但是大多时候学生的注意力集中的时间是有限的，当教师强制性地要求学生时刻保持注意时，不仅不利于学生的学习，还容易引起学生的厌烦心理。而在一定的条件下，无意注意的调用，可在不增加学生认知负担的前提下激发学生的学习积极性。教师可抓住这一点，进行灵活运用。

2.活跃状态的激发

处于抑制状态的学生的学习往往是被动的，这个时候教师应充分利用多媒体的技能优势，采取合适的方式将这种抑制状态转化为兴奋状态，让课堂活跃起来。

3.理性认识的升华

学生的心理兴奋不是教学的最终目的，只是为了达到良好的教学效果所创造的必要心理条件，其实类似于吸引学生的注意力。教师通过各种多媒体设备调动学生的学习积极性后，应因势利导，采取有效的方法，利用媒体资源使学生的认识升华到新的境界，将兴奋状态引向理性的升华，保证教学目标更好地实现。

三、交互式电子白板环境的教学设计

电子白板型多媒体教室也是多媒体教室的一种类型。交互式电子白板作为一种新兴教学媒体的教学工具，不仅传承了现代多媒体教学的优势与特点，同时也保留了传统的黑板教学手段优点。目前，交互式电子白板已成为信息化教育最有力的辅助工具，凭借其“技术集成高、资源整合强、交互功能好”的优势，在教育领域得到了广泛推广和应用。

交互式电子白板是一个结合数字投影仪和计算机的具有触摸感应功能的白板。投影仪能将计算机屏幕的图像投影在白板上，使用者通过手指或电子笔直接触控白板，对计算机进行操控。交互式电子白板主要由具有感应功能的电子白板和电子笔等硬件及相配套的白板软件等组成。

教师作为整个课堂教学的总设计师，在设计基于白板的教学时，需要把握以下4个方面。

（一）教学资源的设计

交互式电子白板最大的特点就是它自带丰富的资源库，这些资源是各个学科教学时常用的，上课时，教师可以直接使用，如各种绘图工具、各式各样的图形以及一些实验学科需要用到的实验仪器等。当然，教师也可以在课前将自己制作的一些资源导入，以便在课堂上使用。

（二）教学情境的设计

交互式电子白板是创设情境的有力工具，白板中丰富的资源和各种媒体的无缝连接，为教师创设真实的教学情境提供了有利条件。

（三）教学方法的设计

交互式电子白板强大的交互功能及其自带的多种教学工具，能够为各种教学方法提供最有力的支持。基于交互式电子白板的教学方法设计，主要体现在：教师通过白板直接控制音视频媒体资源的播放，或利用荧光笔、拉幕及放大镜等工具有效吸引学生的注意力，加强学生对学习内容的关注；指导学生在回答问题或展示习题答案时，使用投影仪功能，及时反馈评价，提高教学的时效性。

（四）教学过程的设计

基于交互式电子白板的教学过程设计更加注重教学过程中学生的互动环节。交互式电子白板既操作简便，又支持远距离操作。

交互式电子白板给课堂教学带来了技术的革新，为我们的教学提供了丰富的资源和工具，但交互式电子白板并不能自动优化教学，其关键还在于教师要在充分熟悉电子白板、了解学科教学以及学生特点的基础上，进行合理设计，寻求技术、学科和学生间的结合点，让技术交互进一步在课堂中得到深化，实现教学深度交互，实现技术与课堂的深度融合，达到生动、优质的课堂教学效果。

四、多媒体网络环境的教学设计

多媒体网络教室是建立在局域网基础上的一种多媒体网络学习环境。多媒体网络教室与多媒体教室的最大区别在于，学生和教师都拥有自己的计算机。在多媒体网络环境中，可以实现多媒体教室的所有功能，例如，为学生提供各种类型的多媒体资源。此外，借助于网络的资源查找与共享功能，多媒体网络教室能够为学生提供更好的合作与交流途径，从而为实现学生自主学习、协作学习、探究学习等提供良好的支持环境。

进行多媒体网络环境下的探究型教学设计，主要包括设计学习任务、设计网络学习环境、组织安排学习活动及设计学习评价方案4个方面。

（一）设计学习任务

基于网络的探究型教学主要是以任务为驱动，让学生以自主探究、协作学习的学习方式，在解决问题的过程中完成学习任务，达到学习的目标。

学习任务的来源主要有两个方面：一是对已有的课程资源进行重新开发，二是来源于真实的生活。在对已有的资源进行重新开发、组织设计时，教师需要依据教学目标，分析与本单元学习相关的一个甚至多个学科知识点之间的联系，并基于某一学习主线提炼相关知识点，进而整合成为一个学习单元，然后根据本单元的内容，进一步设计真实的学习任务。因为基于学生所熟知的生活情境任务，往往能激发学生的探究动机，并且这样的任务也更具有一定的层次性、开放性，使学生能根据自己的喜好和能力水平进行选择。在这个过程中，教师还应仔细分析学生在完成本单元学习任务后，其知识与技能、情感态度与价值观的变化，确定学生在完成学习任务后，能够获取相应的知识与技能，并形成正确的情感态度与价值观。

（二）设计网络学习环境

在探究型教学中，学习活动的顺利展开还需合适的网络学习环境作支撑。网络学习环境的设计主要包括3个方面：辅助性学习资源、学习工具、协作交流平台。

基于网络的探究型教学，不是将学生放任于浩瀚的网络信息海洋中，教师除了需要为学生提供示范性和引导性的学习资源以激发学生的学习动机外，更为重要的是根据学习任务的范围和难度，为学生提供多样化的资料线索，以防止学生在学习任务中“迷航”。在组织和提供这些学习资源时，需要注意的是，教师需要收集有助于学生完成学习任务的相关资源。这些学习资源还应丰富多彩，能扩大学生的知识面，支持学生的扩展性学习。最为重要的是，教师应按一定的知识结构来组织学习资源，以方便学生的学习和阅读。

此外，教师还应考虑为学生提供一些便捷的信息检索工具，以提高学生的信息检索效率，使学习活动便于展开。

（三）组织安排学习活动

网络环境下的探究型教学，虽然具有较大的灵活性和不确定性，但是预先进行合理的规划，是保证学习任务顺利完成的一个重要保障。因此，为了保证教学的有效开展，教师需要依据实际情况，对整个教学内容和进度作出规划，其跨度可以只是课堂上的几十分钟，也可以是几周。

教师除了要做到对教学的整体把握外，还需为学生学习活动的展开提供必要的指导策略，避免学生在自主探究的学习活动中迷失方向，不仅浪费了大量的时间，还达不到预定的学习目标。另外，对于需要合作开展的探究性活动，教师需要特别关注合作学习小组的构建，例如，要处理好小组内的角色、制订小组合作规范、确定小组规模等。

（四）设计学习评价方案

网络的学习环境与多媒体教室有所不同的是，在网络化的学习过程中产生了大量的“过程性”信息和“结果性”内容，都是重要的评价内容。其中“过程性”信息主要用于考查学生在学习过程中的探究能力、协作能力、学习能力等。而“结果性”内容，则是从学习成果的角度对学生在课堂学习中学习成品的质量考核。结合“过程性”信息和“结果性”内容这种多元化的评价方式，能够实现对学生在网络环境下学习的全面评价。

第三节　信息化教学模式

教学活动存在于一定的时空关系之中，它在时间上表现为活动进程或教学序列的安排，在空间上表现为对教学过程各要素及其相互关系的处理和协调。不同的教学思想、任务和目标，以及不同的师生活动方式和组织形式，构成了不同的教学模式。

一、信息化教学模式的内涵

模式通常被认为是再现现实过程或系统的一种理论性简化形式，其目的是帮助人们能形象地把握某些难以直接观察或过于抽象复杂的事物。教学模式则是教学理论的具体化，它作用于教学实践，是教学理论和实践之间的中介。所谓教学模式，就是指为完成特定的目标和任务，而在一定教育思想指导下建立起来的稳定、简明的教学活动程序和结构方式。而信息化教学模式则是教学模式在信息化条件下的新发展，主要是指技术支持的各种教学活动结构和教学方式，有时也称为基于技术的教学模式或数字化学习模式等。

（一）教学模式的含义

教学模式是教学法和教学方法的升华，它们不属于同一个层次的概念，而且从教学法、教学模式、教学方法这个顺序来看，其涉及范围是由大到小，概念内涵是由宏观到微观。国内外教育和教学界依据不同的教学问题出发点，给出的教学模式界定也是多样化的。通过查阅文献，现整理出关于教学模式含义的几点内容。

（1）教学模式强调教育理论、教育思想的地位和作用，包括教学结构、方法、策略等多种不同于纯理论的内容。但是要清楚，教育模式本身并不能用来指导和组织教学，它不属于设计组织教学的理论，是理论的下位概念。

（2）教学模式不能与教学计划相提并论，它囊括着教学计划，是在当前技术条件下协助教学进行的模式，而计划是体现教学模式实际操作的外在表现形式，具有一定的长远性。教学模式的形成可以直接概括教学实践经验，同时也可以先根据一定的理论提出假设，然后在实践中逐步完善。

总而言之，教学模式的本质内涵是依据相关的教学理论，形成稳固的教学活动程序和框架。

（二）信息化教学模式

1.信息化教学模式的定义与特征

（1）定义

信息化教学模式是教学模式在信息化条件下的新发展，主要是指技术支持的各种教学活动结构和教学方式，有时也称为“基于技术的教学模式”或“数字化学习模式”等。

可以肯定的是，伴随着教育信息化过程的不断深入和发展，新的信息化教学模式也将不断地涌现，构成丰盈的新型教学模式种系。

（2）特征

作为信息化教育的具体表现形态，信息化教学模式具有信息化教育的一般特征。它的表层特征是信息技术的应用，深层特征则涉及人才观、教育观、学习观、教学观、技术应用观、评价观等方面的系列变化，是自觉适应信息/知识时代需求的必然选择。从学习文化的角度来分析，可以将信息化教学模式和传统教学模式做一比较，并从中理解信息化教学模式的特征，见表4–1。

表4–1　传统教学模式与信息化教学模式比较（学习文化理解角度）

学习文化	传统教学模式	信息化教学模式
学习目的	重知识/职业/生存准备	重能力/潜能激发/自我完善
学习内容	变化缓慢/单学科呈现	变化迅速/跨学科交叉
学习过程	重视结果	重视过程
学习方法	重传输/接受	重启发/探究/协作
信息呈现	单一化	多样化/多媒体化
组织形式	班级/集体授课制	重个别化/远程合作化
资源范围	局域的/有限的	全球化的/无限的
学习空间	物理的/实地的	虚拟的/赛伯（Cyberpace）的
材料表现	单调的/有限媒体的	丰富的/多媒体的
学习工具	纸笔/书本/粉笔/黑板为主的	多样化的电子学习工具
学习时间	阶段性的/学习与工作分开	终身化的/学习/工作一体化的
学习对象	条件化/资格化/有限制的	大众化/平等化/无限制的
学习方式	模具化/一统化	个性化/多样化
学习环境	封闭化/局限化	开放化/国际化
学习场所	特定化/专门化	社会化/组织化
学习者角色	纯粹的学习者	学习者/教育者/协作者

续表

学习文化	传统教学模式	信息化教学模式
智能开发	语言/数理逻辑为主/偏左脑	多元智能/个性特长/左右脑平衡
师生关系	主宰/听从	主导/主体/平等
学习动力	外在强制	自主自发
学习管理	手工作坊式	计算机管理（CMI）
学习评价	纸笔测验为主/重结果	绩效评价/作品评价/重过程
教师角色	知识的传授者	学习的帮促者/指导者/组织者
学生角色	被动的接受者	运用信息工具的主动探求者

2.信息化教学模式的意义

信息化教学模式通过调整相应的教学方式、评价方式等多种学习方式，推动学生学习适应信息时代的知识、能力和素质，从而更好地适应时代对教育教学改革的要求。

进入知识经济时代后，人才素质的结构逐渐偏向于知识劳动者，进行知识信息的搜集、处理和加工，传统的产业工人就相对减少。国内十年来的调查数据显示，信息时代对知识劳动者的相关知识、能力、情感和素质等方面将会有更高的要求。

（1）从3R素养走向3T素养：以往的时代主要重视“3R素养”——读（reading）、写（writing）、算（arithmetic）；信息时代更加强调“3T素养”——技术运用（technology）、团队协作（teaming）、迁移能力（transference）。

（2）对因特网、电子邮件、文字处理软件、知识管理、制图软件等一系列相关的计算机软件技术进行学习和掌握，并能熟练地运用。

（3）对团队协作与组织能力、信息技术素养、问题解决能力、决策能力等多种适应生存与发展的技能进行学习与内化，转变为自身所具备的生存技能。

信息化教学模式丰富多彩，但归结起来却不外乎以教师为主导的课堂教学模式，和以学生为主导的自主学习与协作学习等，如课堂讲授式教学、基于问题的学习、基于资源的学习、基于项目的信息化教学、基于翻转式的信息化教学、基于网络协作式的信息化教学、研究性学习、WebQuest教学、个别化教学等。对于同一学习主题而言，采用不同的教学模式可能会产生不同的学习效果，因此，教师必须要了解并熟悉信息化教学模式的常见类型、特点及应用方法等。

二、基于课堂的信息化教学模式

（一）技术支持的讲授式教学

1.讲授式教学概述

讲授式教学是教师通过语言系统向学生描绘情境，叙述事实、解释概念、论证原理和阐明规律的一种教学方法。课堂讲授教学方式以学生对现成知识技能的理解记忆、巩固熟练和迁移应用为主线，主要目的是系统学习基本知识和训练基本技能。

讲授式教学以奥苏贝尔的有意义学习理论为基础，主要分为3个阶段：第一阶段，教师首先要阐明本节课的目的，引起学生注意和明确学习目标；其次呈现组织者概念，强调概念的本质属性，并通过实例不断促进相关知识间的联系，同时，提醒学生目前的学习任务，促使学生把先行组织者与原有知识经验相联系。第二阶段，可以通过讲演、讨论、录像、实验或阅读等多种形式呈现新的学习任务和材料，使学习材料的组织结构和逻辑顺序明显化。第三阶段，通过融会贯通使新材料与学生原有认知结构牢固地联系起来，并形成新的认知结构。

2.同步式讲授教学

技术支持可以使传统的讲授法运用更为灵活，教师借助于各种媒体手段，通过讲授将知识传授给学生，帮助学生形成对知识的理解和解决问题的技能。信息技术对于讲授式教学提供的支持，主要包括作为教师的教学演示工具、用来拓展学习的信息资源，以及作为学生学习的支持工具等。在教学过程中，教师在配有摄像机、话筒、电子白板、投影仪的授课教室中讲课，学生在配有同样设备的远端教室中聆听教师的授课，教师讲课形式与传统课堂讲授形式一样，在电子白板上板书，通过投影系统观察远端教室中的学生表情，通过视频控制系统接收学生的反馈信息等。

（二）五星教学基本原理

五星教学模式（5-Star Instructional Model），又称“五星教学原理”，是由美国著名教学技术与设计理论家梅里尔（M. David Merrill）博士于20世纪初提出来的。这一模式的本意在于从多种教学理论中概括出共同成分，探究其一致性，它为寻找优质高效的教学提供了一种选择。

五星教学模式的基本原理主要包括聚焦解决问题、激活原有知识、展示论证新知、尝试应用练习以及融会贯通掌握等过程性要素。

（1）聚焦解决问题。当教学内容在联系现实世界问题的情境中（problem-centered）加以呈现，学习者介入解决生活实际问题时，才能够促进学习。

（2）激活原有知识。当教学中激活（activation）了相关的旧经验时，才能促进学习。

（3）展示论证新知。当教学中展示论证（demonstration or show me）了要学习的东西而不是仅告知相关的信息时，才能够促进学习。

（4）尝试应用练习。当教学中要求学习者尝试应用（application or let me）刚刚理解的知识或技能解决问题时，才能够促进学习。

（5）融会贯通掌握。当教学中学习者受到鼓励，将新知识技能融会贯通（integration）或迁移到日常生活中去时，才能够促进学习。

三、基于资源的信息化教学模式

（一）基于资源的信息化教学定义和特征

基于资源的信息化教学是指在信息化教学环境中学生利用多种媒体资源，主要依靠自主探索来实现学习目标的教学活动。在这种学习模式中，学生的学习是一种积极主动的活动，教师给学生提出问题或探索主题，学生借助各种学习资源，利用广泛的学习材料进行自主性的探究学习。

灵活性和自主性是这种学习模式的基本特征。针对同一问题，学习者可以根据自己的学习风格、兴趣爱好、能力水平进行灵活的调节，选择自己认为有价值的材料，选择自己喜欢的研究方式来研究解决实际问题。因此，基于资源的学习模式，可以适用于不同的学习风格和学科领域。另外，在基于资源的学习过程中，学生自己利用资源并结合自身经验来探究学习问题。因此，它也有利于培养学生自主学习的能力。

（二）基于资源的信息化教学操作步骤

基于资源的信息化教学模式一般由教师提出学习问题或疑难情境，学生对问题或情境进行分析，然后围绕问题收集信息，尝试解决问题并形成答案。学习过程的关键是要让学生懂得分析问题和获取信息的方法。教师应对问题或任务作出明确界定，以便学生开展自主学习探索和交流。

四、基于项目的信息化教学模式

基于项目的信息化教学模式，近年来受到各国或地区教育者的关注。

（一）基于项目的信息化教学内涵

1.项目式学习

项目式学习是一种建构主义概念下以学生为中心的教学方式，它主张学生通过一定时长的小组合作方式，解决一个真实世界中的复杂的、具有挑战性的问题，或完成一项源自真实世界且需要深度思考的任务。

在学习过程中，在教师的帮助下，每个小组紧紧围绕一个项目，利用所学的相关科目知识以及跨学科知识，积极利用各种资源，通过主动探索和互动协作的方式，完成一项源自真实世界且需要深度思考的任务。项目式学习技术本质上是通过“项目”来诱发，强化和维持学习者的学习动机，让学习者在完成项目的过程中达到目标，取得进步。

2.“项目”的特点

基于项目的教学模式旨在把学生融入有意义的任务完成过程中，让学生积极地学习、自主地进行知识的建构，以现实的学生生成的知识和培养起来的能力为最高成就与目标。在教学过程中的项目有以下特点。

（1）真实性。在教学活动中项目应是具有实际意义的，不应该是虚构的，只有符合实际贴近学生生活经验的项目，才能更有效地激发学生学习和探索的欲望。虚构的任务不仅抽象不易理解，还容易让学生产生抗拒心理，影响项目的完成。

（2）开放性。开放性是指学习环境、学习内容以及学习方法等方面不再追求相同的结果，而是倾向于多元化。项目一般涵盖要学习的知识技能，但完成任务的方法可以多种多样，也可以利用已经学过的知识和跨学科的知识来完成项目。

（3）可操作性。学生可以按照具体的流程要求去完成这个项目，且项目的结果是学生可以达到的。

（4）适当性。项目的难易程度要适当，太难或者太易都会影响学生完成项目的积极性，从而导致无法达到教学目标。

（二）基于项目的信息化教学基本原则

1.项目设计要有趣味性

教学要讲究“寓教于乐”，以“快乐学习”法为指导，将枯燥的学习内容设计为有趣味性的项目，只有学生感兴趣才能激发学习欲望，引起学生探究知识的好奇心。

2.项目设计要有真实性

在学习过程中创设的项目应该是源于真实世界的，不能是虚构的。

3.项目设计要有拓展性

教师群体与学生群体在自身素质、知识构成等方面存在着不同程度的差异。因而，项目的设计必须以群体的共性为出发点，突出对个性群体的拓展性思维和创新能力培养。

4.项目设计要以学生为中心

项目式学习强调学生的主体地位，为此项目设计一定要符合学生的特点，让学生按照自己的方法来主动探索，从而解决问题，达到“以用促学，在用中学”的目的。

5.项目设计要符合实际信息化条件

在信息化环境中，项目设计要将实际教学中的信息化环境考虑进去，项目设计中媒体工具和资源开发的要求，无论是高于还是低于教学实际的信息化环境条件，都会使得教学效果大打折扣，影响教学质量。

（三）基于项目的信息化教学设计模式

基于项目的信息化教学设计模式是以项目为核心，该项目是由学习目标、学习内容和学习者特征共同决定的。

设计项目是这个教学设计模式的核心和重点，它为学习者提供了明确的目标和任务，在设计项目时要突出项目的真实性、可操作性、适当性等特点。

一个项目的完成往往代表着要完成很多复杂的子项目，所以教师在教学过程中，要在学生主动探索和积极学习的前提下，充分发挥教师的主导和指导作用，帮助学生完成项目。

项目的设计往往包括学习情境设计、学习支持设计、学习资源设计以及学习策略设计等过程，如图4–2所示。

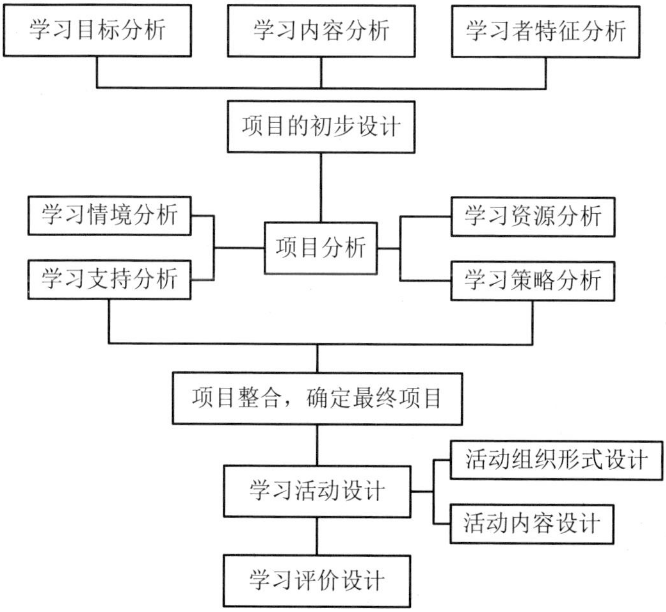

图4–2　基于项目的信息化教学模式

五、基于翻转式的信息化教学模式

（一）翻转式课堂

翻转式课堂，又称“翻转课堂”，是在信息化环境中，教师提供以教学视频为主要形式的学习资源，学生在上课前完成对教学视频等学习资源的观看和学习，师生在课堂上一起完成作业答疑、协作探究和互动交流等活动的一种新型的教学模式。

翻转课堂作为一种新型的教学模式，颠覆了传统的教学过程。它调整课堂内外的时间，将学习的决定权从教师转移给学生。传统的教学中，教师在课上进行知识传授，教授给学生新的学习内容，课下学生完成知识的内化并完成作业。而翻转式课堂的教学重构了学习流程，教师以教学视频和网络资源形式在课下完成知识的传递，课上学生通过完成作业、讨论探索，教师给予个性化指导完成知识的内化。

（二）基于翻转式的信息化教学设计特点

1.教学结构由传统“教学”转变为“学教”

教学结构是指在一定的教育思想、教学理论、学习理论指导下，在一定环境中展开的教学活动进程的稳定结构形式。也就是教育思想、教学理论、学习理论的集中体现，是教学系统四要素相互联系、相互作用的具体体现。

在翻转式课堂的教学结构中，学生是教学系统的中心，在整个教学过程中由教师起组织者、指导者和促进者的作用，利用情境、协作、会话等学习环境要素充分发挥学生的主动性、积极性和首创精神，最终达到使学生有效地实现对当前所学知识的意义建构目的。

2.教学观念是以学生为中心，由“教”转变为“学”

由于教学过程的改变，翻转课堂中学生的角色发生了质的变化。首先，由于在翻转课堂中，学生获取知识的主要渠道是教师制作的教学视频和各种网络资源，这就意味着学生从知识的被动接受者变成了知识的主动建构者，学生不再是知识灌输的对象，而是认知的主体。其次，在信息化环境下的翻转课堂中，学生可以自定步调，自主安排学习的时间和速度，可以反复观看教学视频。学生由知识的被动接受者变为主动探究者，是知识意义的主动建构者，同时在课堂上学生有了更多的参与性、协同性和主动性，不再是以原来的独立主体来完成任务。因此，翻转课堂的教学设计应在观念上进行转变，以学生为中心，将学生看作认知的主体。

3.教学任务转变为课外的知识讲授和课内的学习活动、评价指导

相对于以往传统教学的教学任务，翻转课堂的教学任务发生了翻转式的改变。在传统教学中，教学任务是在课堂上教师讲授知识，教学内容单向流入学生。而在课堂外，学生去进行意义的理解和建构，对知识的提升也基本上靠自己，协作互动环节较少。在翻转课堂中，教学任务转变为课外的知识传授以及课内的学习活动和评价指导。课外知识传授的主要渠道是教师制作的教学视频和各种网络资源，学生在课外自学这些材料，进行新知识的学习。在课内，学生的任务则是完成作业、探讨问题和接受教师的个性化指导及反馈评价。

（三）基于翻转式的信息化教学设计模式

翻转课堂教学设计的内容主要包括课前、课中、课后三个环节，具体模式如图4-3所示。课前是“信息传递”阶段；课中通过教师讲解、知识检查、专家答疑、实操考核、知识总结等环节进行知识的“吸收内化”；课后复习提高是知识的提高阶段。

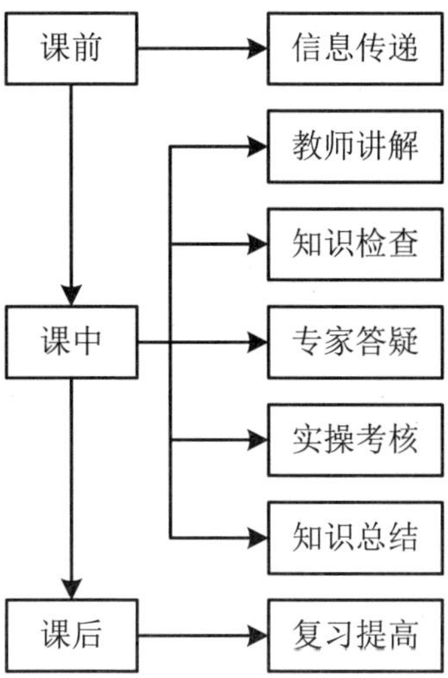

图4-3 基于翻转的信息化教学设计模式

1.课前教学环节

课前，教师在学生学习平台上传学习任务单、教学视频、试验动画、试验操作视频等学习资源，学生进行学习。这种方式打破了学生以往只能在教室学习的模式，借助信息工具可在图书馆、宿舍、校园、家等多种环境下进行自主学习，发现问题后可在学习资源中寻求解决方案或是在线咨询获取知识，对所学的新知识进行初步自学，并能够解决平台上和新知识相关的一些练习题目。

2.课中教学环节

（1）实行经验值激励机制。课前学生通过学习平台进行视频资源的学习、完成学习任务单、提交练习等学习活动，获取了一定的经验值，根据经验值得到相应的考核分数。课堂上表扬最佳表现小组及经验值最高的学生，能激起学生课前主动学习的积极性，养成课前预习的好习惯。

（2）延续传统课堂优势，借助信息技术实行师生互动。教师通过平台或是在线咨询掌握了学生的疑惑之处，课堂上可以有针对性地进行讲解，提高教学效率。板书能记录课程的知识点，有利于学生对学习重点的重复记忆。动画演示及视频播放能直观展示检测步骤，学生课前初步学习了动画及试验操作视频，课堂上教师的讲解更能加深学生的印象，如此可以解决“理论知识记忆量大”这个难题。学生课前完成的练习和思考会存在不懂的地方，通过课堂上的再次学习，能够掌握学习要点，找出自身存在的问题，既可以重复记忆，又可以学以致用。

（3）小组合作完成既定任务，提高知识应用能力。任务引入使学生带着任务学习，激发学生的求知欲。学生以小组为单位完成教师布置的任务，学生在探讨完成任务时，遇到问题及时解决，教师在现场指导，发现严重错误及时纠正，发现小错误加以引导，并做记录。通过学生之间的相互合作完成任务、解决问题，有效地使学生对所学知识进一步地理解提升。

（4）结合学生整体表现，对课程进行总结与评价。教师对学生课前、课中的整体表现作出评价，对预习情况、知识检查、知识应用等进行综合评分，选出表现最佳的小组，实施奖励机制，提高学生的学习积极性。然后对课程的知识进行回顾，安排后续课程学习任务。

3.课后教学环节

课后，教师将考核信息及课堂存在的问题通过学生学习平台进行反馈，发布在线作业，设定作业完成时间，并及时上传后续课程的学习资源。若学生在复习和巩固时发现新的问题，可以通过在线咨询、在线讨论解决问题。

六、基于网络协作式的信息化教学模式

（一）协作学习的基本原理

协作学习起源于美国，在20世纪70年代中期至80年代中期获得了长足发展，并于20世纪末至21世纪初开始传播至我国。协作学习，也称“合作学习”，它是指学习者以小组的形式在一定的激励机制下，学习者个人和小组通过协同互助的方式，为完成共同任务而开展的学习活动。

（二）基于网络远程协作学习的特点

基于网络的协作学习是指利用多媒体技术、虚拟现实技术及计算机网络建立协作学习环境，通过小组或团队的形式组织学生进行学习，使教师与学生、学生与学生在讨论、协作及交流的基础上进行协作学习。

由于受到技术的影响，与传统的协作学习方式相比，基于网络的远程协作学习具有如下一些特点。

1.突破了时间和空间的限制

协作学习者可以是同班同学，也可以是来自地球另一端的同龄人，甚至是一个行业、一个领域的专家等。协作的方式可以是同步的，也可以是异步的。

2.逼真呈现的问题情境

网络协作学习环境可以更真切地向协作学习者呈现问题情境，尤其能够逼真呈现一些与生活经验相距甚远的抽象问题。

3.交互的可控性

网络学习环境改变了教师独自控制教学的局面，网络协作的建立是由计算机相关技术搭建的协作平台实现的，教师和学生不能脱离平台而活动，这保证了协

作的稳定性以及控制权的合理分配。

4.学习者分组方式更为灵活多样

学习者不仅可以在班集体内自由地进行组合，而且必要时还可以与网络上的自由学习者进行协作交流。学习者可以依据学习任务及时调整与协作伙伴的关系，选择和调换不同的学习伙伴。

5.附属角色的隐藏

传统教学环境下，协作进程和过程需要有人记录，但是在基于网络的远程协作学习环境中，由于计算机具有强大的电子通信、文件记录、保存、信息处理等功能，这些附属角色被隐藏掉了，学习记录也实现了全程化、自动化。

6.复杂低层工作的简化

比如言语信息记忆、资料分类、冗繁的数据计算等工作均得以简化。

7.丰富的网络资源支持

基于网络的协作学习环境拥有极其丰富的资源可供使用，包括各种各样的资源和信息，不仅数量巨大，而且获取便捷。

（三）基于网络远程协作学习设计模式

华南师范大学的谢幼如等人，将传统协作学习方式与基于网络的远程协作学习进行了比较。他们借鉴了部分前人的研究成果，概括出基于网络协作学习的基本要素，包括学生个体、协作学习小组、协作活动任务、协作活动环境、协作活动策略／规则以及协作活动成果等。

相应地，他们将基于网络的远程协作学习设计划分为如下内容和环节。

（1）协作任务设计。

（2）协作小组的组织。

（3）协作工具设计。

（4）协作流程设计。

（5）协作策略／规则设计。

（6）协作成果设计。

七、研究性学习

（一）研究性学习的基本概念

研究性学习也称“综合学习”或“专题学习”，它是20世纪90年代以来国际教育界普遍推崇并力行实践的一种新型教学模式。它通常是指学生在教师指导下，遵循科学研究方法，并依据学科课程或直接从自然现象、社会现象和现实生活中选择、确定研究主题，进行主动探究、获取知识，并应用知识来解决问题的学习活动。从某种意义上说，研究性学习与“探究式学习”基本同义，属于教学方法论的范畴，因此，它适用于学生对所有学科知识的学习。

“研究性学习”教学模式具有以下几方面的特征：一是强调学习的研究性；二是强调学习的实践性；三是强调学习的体验性；四是强调学习的自主性；五是强调学习的开放性。

（二）研究性学习的实施步骤

一般来说，研究性学习过程可分为确立研究主题、制订研究计划、开展研究活动、总结研究成果等阶段。研究过程中这些阶段并非截然分开，而是经常重叠、交叉和相互推进。

1.确立研究主题

这一阶段教师可以开设专题讲座或组织相应的考察活动，目的在于了解相关知识或问题背景，掌握必要的研究方法与技能，激发学生的研究兴趣和动机，并提供大致的选题范围或研究方向。选题应尽量与学生生活密切关联，范围不宜过大或过于宽泛，切入口应适当并能体现地方特点。围绕选题范围，师生合作或由学生自己提出问题，以确定研究性学习主题。在确定研究主题的过程中，教师应为学生提供必要的指导，包括提供实验条件、联系社区资源聘请辅导教师等。

2.制订研究计划

研究题目一经确定，根据课题要求，学生就可以在教师指导下制订研究计划

（或设计方案）。研究计划书（或设计方案）一般应包含如课题题目、研究目的、研究方法、任务分工、时间安排、成果形式等。这是保证课题能高质量按时完成的一个重要环节。

3.开展研究活动

这是研究性学习的问题解决阶段，它具体包括收集和分析信息资料、开展调查研究或设计实践、交流调研结果或设计成果等。

（1）收集、分析信息资料。学生应了解和掌握信息资料收集的方法，包括实地访谈、网络查询、使用图书馆、资料室或问卷调查等方式；要学会识别信息资料的真伪、优劣，判断信息资料的应用价值；学会有逻辑、有条理地整理信息，发现其中的关联、趋势和问题，并通过归纳、综合与判断得出相应的结论。

（2）调查研究或设计。根据自己或小组集体设计的研究方案，按照确定的研究方法，选择合适的范围进行调查并获取结果，或根据设计方案进行新产品的设计与开发制作等。学生应如实记录调研或设计过程中获得的信息或经验，并形成文字、音像等不同形式的记录“作品”，同时，要学会归纳问题解决的方法和程序，并不断反思是否获得充足的证据，是否存在其他解决办法，或是否有更佳的设计方案等。

（3）初期成果的讨论、交流。学生的初步研究成果应在小组或同伴之间充分交流，以便经过相互讨论与磋商，逐步丰富或完善个人或小组研究成果。在这一阶段，学生应学会正确认识和分析事物，认真对待他人意见和协作建议，正确地认识和评价自我，培养科学精神与求实态度；教师应指导学生写作研究日记、及时记载研究情况，真实记录个人体验，为以后的教学总结和评价提供依据。

4.总结研究成果

研究性学习的最后阶段，学生要将取得的成果进行归纳整理或总结提炼，形成书面材料或电子报告。同时，还应要求学生以口头报告方式在班级内进行交流，或通过指导教师主持的论文答辩或设计鉴定等。在成果交流与研讨中，学生要学会理解和宽容，学会客观分析和辩证思考，同时也要学会为自己据理力争和据实申辩。

八、WebQuest教学模式

WebQuest教学模式是由美国圣地亚哥州立大学伯尼·道奇教授（Bernie Dodge）等人于1995年开创的，是依托网络的强大信息资源优势，来培养学习者探究能力的一种教学模式，也称为“网络主题教学”。WebQuest是一种“专题调查”“专题研究”“专题探索”“专题导向”教学活动，在这类教学活动中，部分或所有与学生互相作用的信息均来自互联网上的资源。

WebQuest是一种允许学生按照自己的设想和步骤，既可以个人也可以小组形式学习的方法。WebQuest使学生更深入地在选定的范围内进行探索，一个经过恰当设计的WebQuest能够帮助学生成为富有创造性的研究者。

WebQuest教学模式具有课内外结合、多课时结合、多学科结合、多人次结合和多形式结合（上网搜索资料、资料库查询资料、光盘查找资料、图书馆翻阅资料等）的特点。

WebQuest教学模式对教师有一定的要求。

（1）具有一定的网络知识。上网、浏览、搜索引擎的应用、网站的筛选、资料的下载等。

（2）掌握一定的信息技术处理工具的使用。Word、网页制作、多媒体课件的制作等。

（3）E-mail的发送和接收。

（4）能运用网上资源创设教学情境，提供资源。

九、个别化教学模式

个别化教学模式是一种以学习者为中心并关注学习者的需要，根据学习者差异性设计个别化教学方案的教学操作结构。信息化时代，个别化教学可在学生和教师之间通过异步非实时的措施实施，也可以通过在线交谈方式实时实现。个别化教学的具体实施过程包括以下五个方面。

（1）教学目标的确立。确立教学目标的第一步是目标行为的初步确立，根据目标行为，了解学生已经具备的基础，测量与评定学生的当前能力，制定长期目标和短期目标。

（2）学生编组。在当前的教育环境下，要做到“一对一”的因材施教是不现实的，所以，可以根据不同学生的客观需求，考虑现实的教学条件，对学生进行合理的编组。

（3）选择教学内容。教师可以根据学生的具体情况，适当地调整教学内容，找到适合学生学习风格的教学内容呈现方式，找出教学的重点和难点，灵活地调整讲解内容及操作方法。

（4）教学方法的选择。在个别化教学中，教师可以采用学教互动的教学策略，充分利用创设情境、小组合作等教学手段，使课堂变得更加生动、活泼、富有感染力。

（5）教学评价。个别化教学可以设定动态和多元化的评价体系。

第四节　师生教学App互动

互动课堂系统建设是通过设备支持与软件应用开展教育教学活动，实现智慧教学系统进入常规课堂，在互动交流中收集数据、应用分析，支持教师开展教学研究，形成新的学习、教学、评价方式，进而促进课堂教学的变革，提升师生信息化素养，提高家校互动有效性，提高学校管理水平，推进教育现代化的实现，并为实现教育数据的全过程积累和深层次应用打好基础。随着智慧教育的全面铺开，很多教育公司都将大资金投入云学习特色资源及资源制作工具。本节以优学派U10软件为例举例说明。

一、英语游戏化学习软件

英语游戏化学习软件是面向英语学习专门开发的，在课件中可自由调用、可重复使用的交互式学习软件。它类似一个容器，容器内可以自由加载教材中的单词、句子进行训练。教师可以调用诺亚舟英语游戏化学习软件协助教学。在学生利用该软件学习完毕后，教师还可以查看学生的学习记录与学习结果分析。

目前，优学派U10软件共有14款英语游戏化学习软件，不仅针对单词的发音、词义、拼写与句子的朗读、排序等各方面提供了专项训练，还提供了全新的趣味化英语方式。

二、图形计算器

诺亚舟的图形计算器是一种用于数学探究式学习和教学的工具，它通过运用数学图像动态变化与参数变化的关系，直观反映数学原理，进行数学知识的探索与研究。图形计算器资源可以被课件编辑器BlosWX自由调用。

图形计算器包括编辑器与播放器两个部分，目前已经实现如下功能。

（1）制作数学教学资源。

（2）已制作的图形计算器资源，用户可以自由移动里面的点、线等进行探究学习。

（3）图形计算器是web版的，无需安装客户端，有Wi-Fi就可以自由查看、使用。制作图形计算器资源，只需创建用户名、登录网站即可。

（4）目前，已邀请名师制作图形计算器资源50余个，均已被展示在优学派中，其资源内容基本已经涵盖初中的几何知识点。

三、互动视频iVideo

互动视频iVideo以视频资源为基础，可以加入文本、图片、超链接、音频、视频、诺亚舟特色资源（如上面提到的英语游戏化学习软件、图形计算……）等众多互动内容，它为用户提供了一种更智能的知识分享方案。互动视频可以被课件编辑器BlosWX自由调用。

互动视频iVideo包括编辑器与播放器两个部分，其编辑器可以在源资源中插入文本、图片、超链接、音频、视频、诺亚舟特色资源（如上面提到的英语游戏化学习软件、图形计算……）等众多互动内容；其播放器主要有以下功能。

（1）复读功能。选择视频中的任意节点，无需倒带，点击复读，它就会自动复读最近的一个句子。

（2）字幕解析功能。打开互动视频iVideo播放器上的取词模式，将鼠标轻放至单词上，它就能自动为用户提供该词的词性、发音与释义；切换至取句模式，能对句子进行意译，并能对其进行语态、语法等多角度的剖析。

（3）互动视频帧列表功能。所有被加入互动视频的信息，如文本、图片、超链接、音频、视频、诺亚舟特色互动游戏组件等，都以互动视频应用的方式附着于视频上。这些被附着于视频上的应用，按照时间顺序，以帧列表的形式被记录在视频中。用户可以点击互动视频顺序观看，在播放到有视频应用的时候进行点击；也可以通过互动视频帧列表，在各视频应用之间自如跳转。

（4）互动视频的播放方式。互动视频iVideo默认在播放到有互动视频应用的时候暂停，等待用户点击。用户也可以根据喜好，选择适合自己的互动视频播放方式，目前有暂停模式（默认）、信息框模式、自动播放模式、无触发区模式四种方式供用户选择。

（5）目前，互动视频可被广泛运用于教育、娱乐、生活等各方面，是广大学生学习扩展知识的好帮手。

四、互动试题

互动试题iQestion是诺亚舟根据QTI（The IMS Question and Test Interoperability Specification麻省理工学院练习与测试互操作规范）研发的试题系统，使用互动试题来进行练习、测试。对于学生来说，其可以实现提交答案即可查看正误及反馈；对于教师来说，不仅可以查看班级及学生个体的整体答题情况，还可以查看他们的学习记录以及学习记录分析。

互动试题支持的题型可以分为常规题与主观题。目前来说，常规题有单选题、多选题、判断题、填空题、完形填空、阅读理解、排序题，主观题有问答题与主观阅读题。

第五章

信息技术与课程整合

信息技术与课程整合是技术应用于课程的策略安排，是实施信息技术教育的途径之一，同时也以推动学生的学习为归宿。它依托于一定的信息技术环境，在从课程设计到课程实施、评价的整个过程中，将信息技术与学科课程的教与学融为一体，不仅使信息技术成为教学的有机组成部分，还要使信息技术教育成为一般课程的一部分。

在信息技术与课程整合中，信息技术不可能解决所有问题，更不会自然而然地发挥作用。整合需要先进教育理念的支撑和引导，要把以计算机和网络为核心的信息技术作为促进学生自主学习的工具，同时要与教师对教学和学习的控制权的出让相配合，革新教学结构与教学模式，从而达到培养学生创新精神与实践能力的目标，实现信息技术环境下的素质教育与创新教育。具体而言，就是应用革新的技术去配合和推动课程的革新，培养学生在学习化社会中应具有的终身学习态度和能力。

第一节　信息技术与课程整合的内涵

20世纪80年代末至90年代初的CAL（Computer-Assisted Learning）反映了该线索的最新进展，即学习的回归。信息技术与课程整合的第二条线是以信息素养为核心的信息教育。20世纪90年代中后期，与信息相关的话语取得主流地位，信息教育也日益为人瞩目，并迅速普及开来。作为一个阶段性的概念和实践，教育者的客观和冷静将有助于信息技术作用的发挥。我们不应对它的作用过于夸大，因为没有任何技术能够替代学习过程所必需的人与人之间的交流。但作为持续性教育改革的一部分，整合必将对教育文化的革新，进而对人的教育革新做出它独特的贡献。

对于信息技术与课程整合中“课程”与“技术”的关系理解，应把握以下几点。

（1）课程是技术与课程整合的立足点，技术是一种手段，是一种互动手段，目的明确，并嵌入文化和社会价值观；而课程的输出是人的发展，其最终目标是培养具有创新精神和实践能力的人才。

（2）技术与课程整合不是技术与课程的简单叠加关联组合，它应该是一种“融入/融合”的关系。信息技术与课程整合的目的也不仅是为了在教学中运用技术、改变传统的教学手段和方法，其最终目的在于变革传统的以“教”为中心的教学结构，培养学生的高级思维能力，特别是创新能力和实践能力。

（3）技术与课程整合不仅关注技术应用的有效模式和方法，还涉及技术与课程目标、结构、内容、资源、实施和评价等方面的关联和多向互动。

（4）信息技术与课程的整合不仅是指“学科教学”或“学科课程”的整合。它的意义远远超出了单一学科的整合。其目的是利用技术支持课程实践的设计、开发和实施，并通过技术支持学习者和教师与他人、情境和现实社会之间的互动。

综上所述，信息技术与课程整合中的“信息技术”不限于基于计算机和网络通信的信息技术，而是指用于收集、获取、处理、传播和应用信息的所有可用技术。

第二节　信息技术与课程整合的理论基础

在教学中，我们既要强调学生的主体地位，也不能忽视教师的主导作用。

一、行为主义学习理论

行为主义的主要代表人物有华生、桑代克、斯金纳等。

美国的心理学家约翰·华生（John B. Watson，1878—1958），作为行为主义学派的创始人，在美国他最先把巴甫洛夫（Pavlov I. P.）的经典条件反射理论应用于对人类学习的研究，作为学习理论的基础。

爱德华·桑代克（Edward L.Thorndike，1874—1949）是美国动物心理学实验的创始人之一。桑代克认为，学习的实质是形成刺激—反应联结，学习的过程是盲目的尝试与错误的渐进过程，学习遵循三条重要的原则：准备律、练习律和效果律。

20世纪四五十年代，美国心理学家、新行为主义者斯金纳（B. F. Skinner）设计了一个斯金纳箱，提出了操作性条件反射理论。斯金纳的强化作用原理应用于我们实际的教育教学活动中，对所希望的学习者行为进行强化，能够提高该行为再次出现的概率，而对我们所非预期的行为采取负强化，可以减少该行为发生的概率。

在教学设计的发展初期，就受到行为主义的影响，行为主义所强调学习环境对学习者学习的作用，对教学设计十分重视学习环境的创设和设计有着直接的意义。

二、认知主义学习理论

（一）皮亚杰的认知学习理论

瑞士心理学家皮亚杰（Jeans Piaget，1896—1980）把人的认知发展分成四个阶段：感知运动阶段（0—2岁）、前运演阶段（2—7岁）、具体运演阶段（7—12岁）、形式运演阶段（12岁以后）。他认为个体从出生到成人这个认知发展阶段中，认知水平是一个逐渐发展的过程，儿童的思维发展都是从具体的形象思维到抽象逻辑思维的发展过程。各个阶段的顺序不能颠倒、不能跨越，前一阶段是后一阶段的基础，后一阶段是在前一阶段的基础上发展而来的。

皮亚杰认为成熟、物理环境、社会环境，以及具有自我平衡作用的平衡过程是影响儿童认知发展的主要因素。这四个因素虽然是认知发展的必要条件，但不是充分条件。他认为，学习的过程是认知结构的重建，与环境的适应，追求主体与环境的平衡；决定学习的因素，既不是外部因素（物理环境和社会的刺激），也不是内部因素（成熟），而是学习者和环境相交互的结果。

（二）奥苏伯尔认知同化学习理论

戴维·奥苏伯尔（David P. Ausubel，1918—2008），主要关注学校学习理论的研究，同时在理论医学、临床医学、精神病理学和发展心理学等领域也有研究。奥苏伯尔认为学生的学习主要是接受前人积累的文化科学知识，这些知识主要是以符号和言语表达的，并且经过加工组织成一个系统的体系。学生的任务是持久地、高效地掌握这些知识。

根据奥苏伯尔的同化理论，对每一学科的各种概念加以鉴别，按照其包摄性、概括性程度，组织成有层次的、相互关联的系统，先呈现最一般的、包摄性最广的概念，然后逐渐呈现越来越具体的概念，目的是使前面学到的知识可以成为后面学习的知识的固定点，以便产生新旧知识的同化。

三、建构主义学习理论

当今建构主义的一些基本思想实际上并非全新的观点，其中的很多思想都有着深厚的哲学和心理学根基。早在18世纪文艺复兴时期，意大利哲学家人文主义者詹巴蒂斯塔·维柯在他的《新科学》一书中，就明确提出了“建构”的思想，指出人们只能清晰地理解他们自己建构的一切。但是真正对建构主义思想的形成、发展产生深远和深刻影响的，当推瑞士心理学家皮亚杰和苏联心理学家维果斯基。

国外对建构主义思想的集中研究大约始于20世纪80年代后期。建构主义者们从不同的角度提出了许多教学改革的思路和设想，比如认知灵活性理论（Cognitive Flexibility Theory）、认知学艺模型（Cognitive Apprenticeship Model）、锚式情境教学（Anchored Instruction），以及课题式教学（Project-Based Instruction）、基于问题式学习（Problem-Based Learning）等。通过问题解决，学习者便可以深刻地理解相应的概念、原理，建立良好的知识结构。

四、多元智能理论

多元智能理论是一种在世界教育领域广泛传播的理论，对当前各国教育改革产生了重要影响。这一理论在国际教育界得到广泛传播和接受的重要原因之一是，其基本理念符合当前教育改革的主导思想，为帮助教育实践者进一步充分理解和发展每个学生的潜在能力，提供了新的、强大的理论基础。现代信息技术不仅为信息技术与课程整合提供了基础，也为学生多元智能的发展提供了有力的支持。

霍华德·加德纳（Dr. Gardner）对人类认知能力的发展进行了多年的研究，他认为人的智能是多元的。在1983年出版的《智力的结构：多元智能理论》一书中，加德纳定义了最初的七种智能，1996年，他又增加了一种智能——自然观察者智能，两年后，又讨论了第九种智能（存在智能）存在的可能性。

多元智能的发展需要在丰富多样的活动情境中展开。在学科教学中，运用信息技术为学习者创设丰富多样的学习环境，可以更好地适应不同学习者的学习风格和学习需求，更好地促进学习者的个性化发展。

五、混合式学习理论

在课程整合中，不仅需要教师的有效引导、学生的主动学习和数字化学习方法，还强调传统学习方法和数字化学习优势的有机结合，实现教育的多重目标。在这方面，混合学习理论为信息技术与课程整合提供了更好的理论指导。

20世纪90年代初，随着信息技术的快速发展，电子学习在世界各地流行。美国教育界就“有墙的大学是否会被无墙的大学（网络学院）所取代”的问题展开了激烈辩论。这为混合学习的新含义提出和普及奠定了基础。同时，在反思建构主义在教学中的应用时，我们逐渐意识到，建构主义理论确实可以解决传统教育中难以解决的许多问题，但不能解决教育中的所有问题。指导教育教学改革的理论应该是多元论，即要重视行为主义理论和认知理论在教育教学改革中的指导作用和意义。

在这种情况下，有人提出了混合领导的概念。混合意味着混合或组合。混合学习原本是指混合学习或组合学习，即各种学习方法的组合。例如，使用视听媒体（幻灯片投影、音频和视频记录）的学习方法，与使用粉笔黑板的传统学习方法相结合；计算机辅助学习与传统学习的结合。混合学习概念提出后，国内外许多专家学者对混合学习的内涵进行了讨论和分析，并给出了不同的理解。混合学习对信息技术与课程整合的指导意义如下。

（1）混合学习澄清了信息技术在教学中应用的一些误解。人们认为信息技术是万能的，必须用于信息技术与课程的整合。不同的媒体适合呈现不同的教学内容。在教学中，高水平和低水平的教学媒体只有适当和不适当的区别。教师应根据教学目标、学习者特点、教学内容和媒体特点来判断和选择教学媒体，而不是单方面用信息技术取代所有其他教学媒体和教学手段。

（2）混合学习为信息技术与课程整合的教学设计提供了新的思路。在教学设计领域，它一直是“教学导向”系统设计的主导形式。这也是中国教师和教学设计师熟悉的设计方法。这种教学设计强调“教学”，强调教师的主导作用，强调循序渐进、严格运用系统方法进行教学设计。

（3）混合学习再次将绩效概念渗透到课程整合中。从混合学习的目标、促进学习和混合学习的概念、对所有可用的学习要求进行合理的选择和组合，我们可以得到以下启示：信息技术和课程整合的表现不容忽视。信息技术课程设计应在了解学习者特点的基础上，重视媒体和教学理论的选择和优化，即优化学习效果和学习项目成本的理论和实践。由此可见，混合学习在教学中体现了绩效原则。

第三节　信息技术与课程整合的模式及案例分析

在国内外信息技术与课程整合实践中，形成了多种信息化教学模式。这些模型基于信息技术在教学中的应用。在这里，我们也将各种基于技术的教学模式称为“基于信息的教学模式”。各种信息化教学模式的表面特征是信息技术的应用，而深层特征涉及人才观、教育观、学习观、教学观、技术应用观、评价观等一系列变化。

一、信息技术与课程整合案例的教学意义

案例教学正备受教育理论界和实践界的共同关注，在教师教育领域有着重要的价值。信息技术与课程整合案例在促进学习者对信息技术与课程整合思想的理解，构建自身的教学经验方面有如下作用。

（1）案例教学为学习者提供了如何对教学问题进行专业思考的模式。案例提供给学习者的是形象直观的教学范例。提供了大量的针对具体教学问题的教学设计策略和方法，提供问题呈现、解决途径的示范，促进学习者学习能力的提高。

（2）案例为学习者提供了从理论到实践的桥梁。案例中蕴藏的教育观念、教师角色的定位、学生的学习观不是直接以理论形式展现出来，而是以教学实践的形式体现的，加深了学习者对信息技术与课程整合思想的理解，拓展了视野。

（3）案例为学习者提供了教师专业成长的阶梯。学习者在学习案例的过程

中，通过搜集案例、分析案例、交互式讨论、开放式探究和多角度解读，提高教师培训的针对性和实效性。

二、信息技术与课程整合模式的分类

教学模式类型多样，层次分明，信息技术与课程整合的教学模式也不例外。从学科教学过程的技术支持环境、教学策略等不同角度，可以得出不同信息技术与课程整合教学模式的分类结果。

（1）基于教学过程的整合模式。基于教学过程的整合模式可分为“课外模式”和“课堂模式”。这是信息技术与课程整合教学模式的最高层次划分。

（2）基于技术支持环境的集成模式。根据技术支持环境的不同，“课堂一体化教学模式”可分为网络化、多媒体化、模拟实验等类型。

（3）基于教学策略的整合模式。教学策略是指在不同教学条件下，为达到不同的教学效果而采用的手段和方法。它体现在教与学的互动中。基于不同的教学策略，信息技术与课程整合的教学模式可分为自主探究、协作学习、示范、教学、讨论、辩论、角色扮演等类型。由于综合教学模式中采用的教学策略不止一种，因此综合教学模式可分为三类：接受模式、探究模式和研究模式。

虽然整合教学模式可以从不同的角度进行分类，但基于不同学科的整合，其教学模式不能在单一维度上划分为单一类别。基于一定的技术支持环境，基于一种或多种教学策略的一体化教学模式随处可见。因此，上述分类只是为了促进人们对整合模型有更全面的理解，而不是将其绝对化。

三、信息技术与课程整合的典型教学模式

（一）研究性学习模式

研究性学习（project-based learning, problem based learning）又称“综合学习”或“专题学习”，是20世纪80年代末以来国际教育界广泛倡导和实施的一种新的

学习模式。近年来，我国也高度重视研究性学习教育改革的探索。

例如，研究型学习教学案例：《道口改建研究》。

1.课题的背景

涉及解决十字路口附近居民的出行困难，是群众关心的“热点”问题，也是市政府密切关注并着手解决的问题，具有现实意义。

教师针对此课题提出了如下建议。

首先，对道口的地形地貌有一个比较全面而深刻的认识。

其次，对早晚高峰时间的车流量有个相对准确的统计。

在以上两项工作的基础之上再设计切实可行的方案。

2.课题的研究过程

研究主要分为四个阶段进行，即文献资料检索阶段、调查研究阶段、方案设计阶段和报告撰写阶段。

（1）文献资料检索。首先在教师指导下检索、收集大量与课题有关的资料，并且认真学习了课题研究的方法。

（2）调查研究。

①居民访谈。深入居住在道口附近的居民中去访问调查，深切感受到解决道口交通问题的重要性和迫切性。

②实地勘察。对道口周边的地形、公交车线路分布情况作实地调查，收集相关的可供分析资料。

③观察车流。在早、中、晚三个交通车流高峰时段，对道口的公交车、货车、轿车、自行车流量进行观察，并收集数据，以供研究。

（3）方案设计。在文献检索和实地调查的基础上，进一步研究和设计解决方案。首先，完成了对调查结果的分析，绘制了交叉口地形地貌参考图和广新路交叉口交通流图，并针对政府采取的一些改善措施，提出了逐步重建交叉口的想法。

（4）报告撰写。完成初步研究和方案设计后，在教师的指导下，将研究成果以文字表达。经过反复讨论和修改，论文最终完成。

（二）集体授课的讲授型教学模式

一个好的课件需要精心设计。教师要认真研读教材，分析重点难点，构思多媒体教学流程，编写脚本，并根据课程需要不断修改。然后，他们应该找到制作课件所需的各种材料，如图像、声音动画等，使用一个或多个多媒体制作软件，并创造性地、大胆地完成课件制作。课堂上，教师利用课件创设情境，展示教学信息，引导学生接受教学信息并仔细思考，然后教师进行总结。

计算机辅助“群体—讲授”教学模式的主要优点如下。

（1）集文字、图片、声音、图像的表达于一身，使课堂教学变得生动活泼。

（2）可以不受时间、空间、宏观、微观的限制，便于突破教学重点和难点。

（3）简单、易操作，能够快速、及时地呈现教学内容，提高了教学效率。

现以中学地理“地球公转”为实例，来讲解计算机辅助“群体—讲授”模式的创设过程。

例如，案例5-1“地球公转”教学案例。

课前准备：

教师：钻研教材、精心备课、准备资料、制作CAI课件（三维动画“日地距离和公转速度”“地球的公转”“黄赤交角”等）

学生：课前预习。

设疑引思。

教师提问：

1.地球公转的方向、轨道、周期分别是怎样的?

2.为何地球在近日点速度较快，在远日点速度较慢?

3.什么是黄赤交角?

4.由于黄赤交角的存在，地球绕日公转时会产生哪些现象?

学生：思考。

带疑探究：

教师：操作媒体、播放动画、适时点拨、巡回答疑。

学生：带着问题阅读教材，观察三维动画：“日地距离和公转速度”“地球的公转图”“黄赤交角”，思考教师提出的问题。

讨论解疑：

教师：巡回点拨、答疑。

学生：学生分组相互讨论，相互启发。

导思点拨：

教师：点拨、巡回答疑、启发、引导。

学生：思考、讨论、向教师质疑。

质疑创新：

教师提问：当黄赤交角变大或变小时，地球绕日公转过程中又会看到什么现象？地球上寒、温、热三带的范围会怎么变化？

学生：相互讨论、启发、寻找新的答案。

效果反馈：

教师：精心制作一套形成性练习题（课件）；教师针对解答情况讲解。

学生：当场解答，计算机当场判分。

（三）基于网络资源探究的情景化教学案例——《鸡蛋中的数学》

1.案例说明

《鸡蛋中的数学》是一个非常著名的基于问题解决学习、协作交流学习以及资源共享学习的情境化学习网站。它由UIUC数学系的Steve Bradlow教授和John Sullivan，NCSA的SturtLevy，以及工程大学的本科生Brian Klamik共同研制。其Standalone版本是Beckman学院的StuartLevy和Daniel E. Weber 共同研制的。

鸡蛋数学的教学方案主要涉及如下主题。

（1）鸡蛋的形状，其中讨论了平面的旋转和在平面中画椭圆的方法：

· 左右对称与横截面

· 旋转曲面

· 用钉子和线画椭圆

· 椭圆中的等量关系

· 笛卡儿曲线

· 卡西尼曲线

（2）蛋白和蛋黄定理（也就是通常所说的三明治定理），展示了如何平分位于同一平面的两个封闭区域：

· 平分蛋白和蛋黄（开始页）

· 蛋白和蛋黄定理实例

·Borsuk-Ulam定理

·Borsuk-Ulam定理证明

（3）球面几何，在这个部分，对球体的曲率做了证明：

· 胚胎中的微积分

· 理解指数级增长（开始页）

· 切线和斜率

· 自然指数e

除了上述主题以外，随着时间的推移，该网站还将增加一些新主题。

2.案例分析

在“鸡蛋中的数学”网站，里面有很多Java程序供学习者操作，自己动手操作模拟再现、思考总结多个数学公式的产生和论证。该案例利用网页丰富的超链接特性将许多数学问题贯穿起来，用大家熟知的鸡蛋作为问题情境的引入。其主要思想是在鸡蛋里包含了不同层次的数学问题，从中学习抛物线到大学里研究的笛卡儿曲线，这是一个学科内不同程度知识的整合，纵向跨度较大。

分裂的过程：从1个细胞分裂为2个细胞，再由2个分裂成4个，然后不断地继续。在此，我们不妨用一个正方形代表鸡蛋的原始细胞，并用图解的方法来阐明这一过程。将你的光标移入正方形使“鸡蛋受精”，并启动细胞分裂的程序。正方形被平分成2块，然后4块，然后8块，如此继续。这正是一个真实的胚胎中细胞分裂的方式。在正方形的左面，我们以细胞分裂发生的次数为X轴，以每次细胞分裂所得到的细胞数为Y轴作图。你会注意到细胞增长的速度是很快的，如图5-1所示。

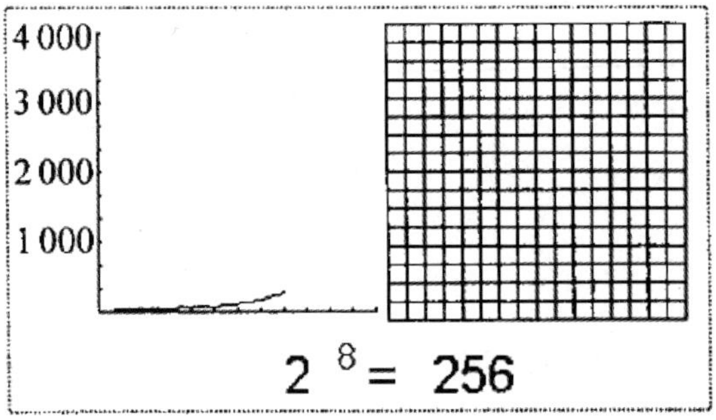

图5-1　一个动态的图示

指数的功能：如果我们使用一些数学的符号，就能够非常有效地对细胞分裂的方法进行描述。让我们将细胞分裂发生的次数表示为字母t，将细胞的总数表示为$N(t)$。那么，$N(1)$就表示细胞分裂1次所得到的细胞数，所以，$N(1)=2$，与此类似，$N(2)=2\times2=4$，$N(3)=2\times2\times2=8$，如此继续。对于$2\times2\times2$，一种更为简洁的书写方法是2^3；$2\times2\times2\times2$则是2^4，如此继续。用这种方便的符号，我们可以这样写：

$N(1)=2^1$，$N(2)=2^2$，$N(3)=2^3$，$N(4)=2^4$

用这种形式，我们可以写出一个关于$N(t)$的等式，即$N(t)=2^t$，在数学语言中，$N(t)$是一个关于t的指数函数。

在上面正方体旁边的图示中，我们使t=1，2，3，...，并标出了相应的$N(t)$的位置。将这些点连接起来，我们就得到了一根光滑的曲线，在这根曲线中，无论t被赋予什么值，我们都能够读取相应的2^t的值。

在指数函数$N(t)=2^t$中，数字2是指数的底。我们可以通过改变这个底，得到关于t的其他指数函数。例如，以3为底，我们可以得到指数函数3^t。

在右面的课件中，呈现了一系列指数函数曲线，可以通过移动位于课件顶端的浮标来改变指数的底（以字母b表示）。

值得注意的是，这个指数函数曲线延伸到了t为负数的区域。当t代表的是鸡蛋细胞分裂的次数时，这部分曲线是没有多大意义的。然而，这在数学上却是有意义的，例如，对于以b为底的指数函数b^t而言，数学上规定：$b^{-t}=\frac{1}{b^t}$。

这个规定告诉我们，当t为负值时，如何计算b^t的值。运用这个规定，我们可以进一步推出$b^{t+1}=bb^t$。

通过多次选择不同的数值给底赋值，你会注意到，所有的指数函数曲线都具有一些共同的特征：

（1）当t=0时，所有的指数函数曲线都经过同一点。

（2）沿X轴越往左或者右，指数值（曲线的高度）增长得越快；但是越往相反的方向，指数值下降得越慢，而且尽管指数函数曲线越来越接近X轴，但却永远也不会真正地达到它。

值得注意的是，当指数的底b取某些数值时，指数函数值随X值的增大而递增；而当指数的底b取其他一些值时，指数函数则随X值的增大而递减。指数函数的变化趋势取决于指数底的数值。

所有的指数函数都具有第三种更为奇妙的特征。为了理解这个特征，我们需要对这些指数函数曲线的切线加以考虑，尤其需要通过计算这些切线的斜率来考虑其方向。通过点击，我们可以在某一指数函数曲线上选择一点，经过这点作该曲线的切线。

课件底部显示的三个数字分别是：

这一点的指数值，$N=bt$，得到经过这一点的切线的斜率（以字母m表示），以及m/bt的比值。值得注意的是，随着给出指数函数曲线的不同，前面两个数字将发生变化，但是第三个数字却始终不会发生变化！这就是指数的第三个特征。

（3）切线的斜率与切点的指数函数值成正比。

这个比值（课件中所显示的第三个数字）通常称为“比例常数”。

如果希望对指数作更为细致的探讨，将会注意到，上面的那个比例常数是随着指数函数底的变化而变化的。例如，当指数函数的底为2时，这个常数为0.693147，而当指数函数的底为3时，这个常数则为1.0986。

当指数函数的底为何值时，能够使比例常数正好为1 ？这样的底是否存在？这个指数函数的底一般以字母e来表示，也就是说，当指数函数的底为e时，这个指数函数曲线的切线斜率和这个指数函数的值正好相等。自然指数e具有许多奇妙的特性。可以通过点击课件上方的e按钮，看到e'的指数函数曲线及其切线，并对其特征进行观察。

3.案例点评

《数学课程标准》指出：数学教学活动必须建立在学生的认知发展水平和已有的经验基础上。而在传统的课堂教学中，教师很少考虑知识的来源和实际的应用，学生的应用意识淡薄。如何让学生体验到数学与日常生活的密切联系、体会数学的内在价值呢？该案例就是一个好例子。它用学生日常生活中熟悉的鸡蛋作为问题情境引入，在层层推进的分析中逐步提出新问题，引入新的数学理论。信息技术环境下提供的动画功能使学习材料更为直观，丰富的超链接也能使学生根据自己的情况随时获取相关知识的帮助。以这种生动形象方式引入、介绍数学知识，不仅能激发学生的浓厚兴趣和积极性，由于与生活联系紧密，还能给他们留下深刻的印象，启迪思维，促进他们探索世界的热情。

（四）主题研究型学习教学案例——《加速度》

1.案例说明

本案例选自国际教育技术协会《国家教育技术标准》项目组，是美国高中9—12年级以加速度为主题的一节活动课。

2.案例分析

教学目标：本学习活动为学生提供下列活动：

通过例子促进他们对正负加速度、正负速率的理解。

在演示作品中嵌入合适的超级链接和同伴共享结果。

说明：该学习活动是根据对加速度和速率的研究设定的。

学生设计一个网页，包括以下内容：①正负加速度；②零加速度；③正负速率。

活动：该活动以三天为宜，但也可以调整以适应其他安排。

准备：将全班学生分组，每组四人。每组建立一个包含我们生活中加速度的例子的各种资源的网页。在每个小组里面，每个学生每天扮演不同的角色。

领导者：主管小组的研究方向

啦啦队队长：支持该小组、给小组打气

工作者：唯一接触计算机的成员

发向者：唯一与教师讨论课题的人

过程：

第一天，分配任务，分组以头脑风暴法集体讨论创建有关加速度的网页夹（文件夹的网页形式）。学生查找网站时，需要找寻五种不同类型的网站（参见评价部分）。使用Excel等电子表格软件，学生在图表中生成一系列数据，显示所要求的一种加速度/速率（参见评价部分）。学生绘制每种加速度和速率的图表。

第二天，如果前天寻找数据有困难，让学生们利用Internet查找处理加速度的数据并用五种网站中的四种制表。查找声音片段，获取并修改图片，下载电影片段，以便综合运用于网页夹中。

第三天，学生用自己的语言就任务提出一个目标陈述，要求这一项登在网页上。应用背景和主题提高网页的设计水平。学生用四段文字描述所学到的内容。回顾所有的工作。检查确保所有的目标都实现了，进行最后的修改，在网络上保存最后的作品。

第四天，让小组演示他们的网页夹。注意根据年级进行评分。

工具和资源：软件、网页生成器、电子表格和演示软件网站。

评价：在制作网页夹之前，教师可以和学生共同提出评价标准。这个标准包括对网页夹所有可评价的方面，同时还包括学生相互评分时的小组标准。

每个网页夹包括下列组成部分：

（1）标题。

（2）目标陈述。

（3）指向15个网站的链接，分类如下（超链接之前，每个网站都有一小段总结，评价选择该网站的原因）：正加速度、正速率、负加速度—正速率、正加速度、负速率、负加速度、负速率、零加速度—正/负速率。

（4）四段文字用来解释下面五个概念中的四个概念：正加速度—正速率、负加速度—正速率、正加速度—负速率、负加速度—负速率、零加速度—正/负速率。

（5）一个合适的声音处理速率、加速度和它们的作用。

（6）一个合适的涉及加速度和它的作用的扫描图像或数字图像。

（7）一个合适的涉及加速度的动感电影。

（8）从网页中获得许多有趣的加速度数据制成一个电子数据图表。

（9）解释学生所学到的有关加速度知识的四段文字。

（10）结论。

3.案例点评

研究型学习更关心学习的过程，学习者是否掌握某个具体的知识并不重要，关键是能否对所学知识有所选择、判断、解释、运用，从而有所发现、有所创造。中学的研究型课程，重在过程，而不是结果，其关键是教会学生一种自主学习的方法。因此研究型课程的评价更趋于全程化、多元化和弹性化。在这个案例中，这个网页有利于激发学生的创造力。因为它没有给学生强加固定的学习目标，学生有很大的自由度，他们只需要做自己想做的就行。并且，学生参与确定评价标准，他们可以相互评价彼此的文章，教师参与得很少或者完全放手，这种以学生为中心的班级风气有利于学生成长。在整个教学活动中，教师只是一个向导或集体协调者，只与提问者讨论问题，而不回答问题。并且教师只有在确定学生们的独立思维已经得到充分发挥的情况下，才可以直接指导。另外，网页形式的教学呈现模式很方便学生的学习，而且这种形式可以被任何一个数学单元利用，教师使用这种模式教学也会感到比较轻松。本节课的核心就是这个课题必须由学生主持，让学生教教师一些不懂的知识。师生角色的换位有时是对学生的最好鼓励。

第四节　信息技术与课程整合的新发展

信息技术与课程整合的教学实践，将与传统的教学方式完全融合在一起。目前信息技术与课程整合已系统地引进国际教育理念，以建构主义学习理论和人本主义教学理论作为其理论基础，重视智力因素和非智力因素，全面、发展性教育；强调人的因素和“以学生为中心”；主张意义学习及自发的经验学习，以促进学生学会学习并增强适应性，倡导学生的自我评价。但是在未来的整合道路上，我们还应结合中国教育的实际情况，从信息技术与课程整合的实践中进一步概括和创新，建构具有自身特色的整合理论体系。但是信息技术与课程整合是一个系统工程，需要我们不断地去继续实践、探索和总结，实现信息技术与课程整合与传统教学的有机融合。

一、移动学习在教育中的应用

近年来，随着移动通信技术和移动终端设备的快速发展，一种新的学习模式——移动学习悄然出现。移动学习在教育领域有着非常广阔的应用前景。目前，这一应用已成为教育领域的一个重要课题。随着信息技术的飞速发展，移动计算技术的广泛应用已成为21世纪信息技术的新特点。移动学习仍然是一个新的研究领域。在国外，它通常被称为M-Learning或M-Education。在中国，它也被称为“移动教育”。人们普遍认为，移动学习是一种借助移动技术和移动设备随时随地学习的新方式。具体来说，我们可以从“移动”和“学习”两个方面来理解移动学习的内涵：一是移动学习以移动的形式表现，即使用移动设备和移动通信技术可以实现资源共享和教学互动，学习可以随时随地实现，并且学习上下文是移动的；二是移动学习是一种新的学习方式。“新”不仅体现在新技术、新形式上，还体现其在传统学习中的创新作用，极大拓展了学习的含义，包括学习条件、学习过程、学习机制等。

与传统学习方法相比，移动学习具有以下特点。

（1）学习形式的流动性。移动学习的外在形式是随时随地实现学习。学习者可以使用移动终端（包括无线连接的笔记本电脑、手机、PDA等）和移动通信技术来实现信息获取、学习和交流。因此，移动学习的移动性是显而易见的，也是不同于E-Learning的独特优势。它使学习变得非常灵活和方便。

（2）学习过程的情境性质。因为移动学习发生在“移动”中，它使学习者在学习的同时停留在现实生活中。学习无处不在，学习者有机会将抽象的学习与具体的生活经历联系起来。此外，随着技术的进步，移动设备越来越具有态势感知能力。通过技术，可以获得环境信息，以促进学生的情境认知，并为有意义的学习提供帮助。当然，情境特征也会让移动学习面临如何消除情境干扰的困境。

（3）学习互动的多媒体。互动是学习的一个基本过程。在传统学习中，互动可以通过面对面交流来实现，主要是以言语和姿势的形式。在E-Learning中，我们通常使用聊天室、讨论区、邮箱等一系列实时和非实时交互工具来实现交互，主要以数字载体的形式，但也有面对面交流。在移动学习中，师生处于分离状态，互动主要通过各种媒体形式的资源呈现，互动通过文本、图片、短信、彩信、音视频等形式的多媒体资源实现。因此，移动学习交互具有明显的多媒体特征。

（4）学习行为的个性。移动学习真正实现了以学习者为中心的学习理念。在移动环境中，学习过程主要由个体学习者实现，学习过程的自主性赋予学习者，如选择学习内容和控制学习进度，包括实现学习交互。因此，学习者可以根据自己的特点和兴趣进行个性化学习。

（5）学习时间的碎片化。在移动学习中，学习者处于移动环境中，可能面临复杂的情况，他们的学习时间难以保持连贯性和一致性。此外，由于移动传输技术本身的延迟，学习者的注意力很容易分散，在移动学习中，学习时间具有碎片化的特征，表现为许多不连续的时间段。

二、社会性软件在教育中的应用

如今，社交软件已成为互联网革命的重要基础，其在教育领域的深度应用也使其成为推动教育改革的重要手段。近年来，社交软件的研究和应用在中国已初具规模，社交软件及其应用的研究已成为教育领域的重要新课题。

网络社会化是当前互联网革命的一个重要趋势。社交软件就是在这种环境下诞生的。其理念是帮助人们建立社交网络，支持社会互动和群体交流与合作。社交软件的概念没有严格的定义。一般认为，社交软件是指允许用户与网络上的其他人交互、支持用户在网络上的通信活动并建立社交网络的应用软件。本质上，它是一种基于互联网提供协作和通信的工具。

博客的英文术语是“blog”或“Weblog”。这是一个由美国人彼得·默霍尔茨于1999年发明的网络词。这个词来自“博客”的缩写。“网络日志”是“网络”和“日志”的组合。博客的革命性在于它相对简单和多样，超越了以前的网络媒体形式。在使用过程中，体现了“零技术、零成本、零机制、零编辑、零形式”的特点，这是博客在教育教学领域应用推广的强大生命力。

博客在教育领域扮演着多种角色。它已经从一种简单的网络出版方法，发展成为一种可以广泛应用于教学领域的有效工具。博客可以作为自主学习的工具、个人知识管理的工具、发布教学信息的工具、教学互动的平台等用于教学。

三、虚拟学习社区与教育游戏在教学中的应用

随着信息技术和网络的发展普及，学习环境已经突破时空，不再局限于校园的围墙。基于网络的虚拟学习环境和学习社区已经成为网络学习的重要组成部分。虚拟学习社区可以为学习者提供多样化的学习资源，促进学习者的知识建构，帮助学习者合作学习，促进学习人员的情感交流。同时，游戏在教育中的作用也越来越受到重视。研究者开始关注游戏的教育意义、基于游戏学习的内涵以及游戏与教学的融合模式。虚拟学习社区和教育游戏作为新的学习方式逐渐被人们接受和应用。

（一）虚拟学习社区的内涵

随着信息技术的发展，人们的学习和生活越来越离不开网络。长期以来，教育研究者一直致力于研究如何将网络与教育教学实践有效结合，以提高教育的有效性。近年来，虚拟学习社区逐渐成为人们研究在线学习和在线教育的重要课题。

虚拟学习社区的内涵可以从社会互动和虚拟环境教育来理解，其特征主要表现在这三个方面。

（1）交互性。社会互动是虚拟学习社区的核心特征之一。

（2）环境的特殊性。它包括开放性、虚拟性和动态性。首先，虚拟学习社区具有高度开放性，包括开放学习对象、开放学习内容、开放学习方法等。其次，虚拟学习共同体环境呈现动态特征。社区内外的学习者和资源是可移动的，他们自己的组织形式也是动态的。虚拟学习社区在动态过程中保持相对稳定。最后，虚拟学习社区环境具有虚拟特征。在虚拟学习社区中，学习者以虚拟身份开展各种学习活动，并使用各种虚拟技术（如虚拟教室、虚拟实验、虚拟图书馆等）实现学习过程。他们的互动以虚拟形式存在。

（3）教育性。它主要包括学习目的和学习者的主体性、学习方法的灵活性和学习资源的丰富性。第一，学习的目的。虚拟学习社区的形成基于兴趣或主题。它围绕一些中心主题、想法或目的构建，有时聚集起来完成一项任务。第二，学习者的主体性。在虚拟学习社区中，学习者的主体性体现在三个方面：选择性、自主性和创造性。选择性意味着学习者可以决定进入哪个社区，与哪个同伴交流；自主性是指在虚拟学习社区中，学习者有权利和能力控制自己的学习行为或非学习行为；创造性是指虚拟学习社区中的学习者摆脱传统学习环境的束缚，有足够的时间思考问题，与人进行无忧交流，激发创造性意识，在自由状态下发挥创造性思维。第三，学习方法的灵活性。在虚拟学习社区中，学习者的学习活动和形式多样，可以通过游戏、讨论等方式学习。第四，学习资源的丰富性。虚拟学习社区中有多种学习资源，如数字图书馆、学习资源中心等。

（二）教育游戏的教育功能

（1）作为教育信息的载体。教育游戏的本质特征之一是教育。它强调教育的目的。每一个教育游戏都或多或少地传递着教育信息。此外，在某些年龄阶段，教育游戏作为教育信息的载体比其他载体更有效。教育信息通过教育游戏传输有两种情况。一是以明确的方式传递教育信息。例如，一些游戏在游戏界面上展示知识，如介绍历史背景、介绍人物和工具，以及要求玩家通过回答问题完成挑战；另一种方式是以隐性方式传递教育信息，让玩家在不知不觉中获得教育信息，提高个人能力。例如，在游戏过程中，玩家可以通过不断的观察、试错和互动，掌握他们想要传递的教育信息。

（2）这是学习者发展智力的重要途径。教育游戏在教育中的应用，不仅给学习者带来感官刺激，还可以在一定程度上开发和培养学习者的智力，使玩家能够思考和反应判断。此外，教育游戏在培养学习者的探究、竞争和合作能力方面具有独特的优势。

（3）作为新课程改革的重要途径。新课程标准指导着我国现阶段基础教育发展和改革的方向和目标。新课程改革的核心目标是体现学习者的主体性，培养学习者的创造性。在教育游戏中，游戏所倡导的探索和体验对于实现学习者主体地位的学习方法具有重要意义。与新课程改革“倡导学生积极参与、交流、合作、探索等学习活动，改进学习方法，让学生真正成为学习的主人”目标不谋而合。同时，游戏是一种自愿、自由、富有想象力的活动，需要玩家探索和发展，也有助于培养学习者的创新意识和创造力。

（三）教育游戏的教学应用

纵观各国教育游戏在教学中的实践，我们可以将教育游戏在教育中的应用模式分为四类：探究模式、练习模式、导学模式和学习社区模式。

（1）探究模式。教育游戏应用的探究模式是指在教学过程中，旨在让学生于游戏中自主探索，通过以“自主、探究、合作”为特征的学习方法学习当前的学习内容，从而实现认知和情感目标。教育游戏应用的探究模式不直接向学生呈现相关概念和认知策略，而是利用游戏创造适合学习者探索的环境，让学生通过游戏过程探索和发现学习内容元素和认知策略。

（2）练习模式。教育游戏应用的练习模式是指在教学应用中，学习者主要借助游戏进行实践训练等活动，巩固知识或评价学习效果。

教育游戏应用的实践模式主要包括以下环节：教学目标的确定；实施教学，根据教学内容，教师采用以教师为主体的教学方法或以学生为主体的教育方法；游戏练习，学习者独立地玩游戏以巩固他们的知识；补救教学或总结，根据学习者在游戏实践中的表现总结教学过程，及时开展补救教学。

（3）导学模式。教育游戏应用的引导模式是指通过教育游戏引导学习者获取新知识，教师提供面对面指导。这种模式是将教育游戏融入学习的全过程，承担教师的部分责任，引导和帮助学生。

（4）学习社区模式。教育游戏应用的学习社区模型，是指由教师、学生和教育游戏组成的虚拟学习社区，以学生自主学习和同伴协助为主，教师指导为辅。在这种模式下，教育游戏应该是一种在线教育游戏，而不是独立的游戏。教帅和学生将不再面对面教学。教学过程和游戏过程已经完全整合。学习者主要依靠教育游戏中的自主探索和人际互动来完成学习任务。

第六章

基于网络的现代远程教育

“远程教育”表达的是，该教育模式强调的着眼点在于教育手段、方式及技术支撑。“现代远程教育”可以是这样一种概念：远程教育资源主要指蕴涵了大量教育信息，能创造出一定的教育价值、以数字信号的形式，在互联网上进行传输的信息资源。从某种意义上说，远程教育资源是对传统教育资源的一种统合。这种“统合”表现在教育资源将教育的物力、人力资源，解析为信息的形式，涵盖了广义定义的方方面面，并通过网络来发布、传递这些教育资源。在远程教育中，教学是学校的中心工作，是实现教育目的和教育功能的主要依托，也是衡量教育质量的关键因素。

第一节　现代远程教育的内涵

远程教育的形式是师生分离，远程教育的服务是基于信息技术的教学交互支持，远程教育的基础是师生的信息技术能力，远程学习的材料呈现出网络化、媒体化趋势，远程教育的教学模式是混合多样的。因此，综合专家、学者们对远程教育的普遍规定与认识，对现代远程教育进行再次界定：学校或教育机构利用计算机网络技术和信息技术等手段，突破师生时空分离实现教与学的信息交互，培养基于现代信息技术的学习能力，并完成特定学习任务的教学活动形式。

一、现代远程教育概述

远程教育打破了原有受地域限制的办学模式，使高学历人才向多方位均匀分布发展，极大地弥补了传统教育的不足。

网络教育具有与信息技术相同的特点。在中国这种教育资源有限的情况下，网络教育刚好弥补了传统教育的不足，教育资源的共享性和可操作性使可利用的信息资源数量呈指数级增长，资源建设的良性循环使信息资源滚动积累。

中文“远程教育”一词源于英语“Distance Education”，这一术语的正式出现，大约可以追溯到20世纪50年代初，澳大利亚新英格兰大学在其成立的特许状中的条款，以及前民主德国政府批准其管辖下的53所高校中的至少20所学校提供的“Distance Education”文件。最早对这一概念进行描述的是德国图宾根远程教育研究所的多赫曼。远程教育的定义是什么，以及它有哪些要素和特征，在很长一段时间，专家们有各种不同观点和表述。一直到20世纪后期远程教育达到相当成熟的水平后，国际上对它的定义才逐渐有了基本的共识。

那么，什么是现代远程教育呢？学者们一般认为，远程教育的发展经历了三个时期，即函授教育、广播电视教育、现代远程教育。以邮政通信和印刷技术为技术基础的函授教育称为第一代远程教育；在函授教育基础上增加广播电视等大众媒体，录像、录音、计算机等个人媒体的远程教育称为第二代远程教育；在广播电视教育的基础上，增加计算机网络、多媒体、卫星通信等技术手段的远程教育称为第三代远程教育。

现代远程教育也称“网络教育”，即指第三代远程教育。它是在现代教育理念指导下，利用先进的Internet网络和计算机技术，实时与非实时传递多媒体的音频、视频、数据等信息，进行实时与非实时可视的、交互式远程教育。

现代远程教育中，教学行为和师生角色发生变化。教学从传统的班级教学模式转变为开放式的终身式教育，从面对面交流的集中式教学向借助于媒介进行自主学习方式转化。教师的角色不仅是传授者、主导者、帮助者，也是参与者、辅导者、监控者。学生则由知识的被动接收者转变为学习活动的主动参与者。传统的“以教师为中心”“以课堂为中心”逐步为“以学生为中心”“以自主学习为中心”所代替。

现代远程教育以学习者为中心，强调自主的个别化学习和小组形式的合作学习。学习以自主学习为主，小组协作学习为辅。学员要在远程教师和各办学机构的指导下，根据自己的学习情况，自订学习计划、进度，自主地选择学习时间、地点、课程、方式等。

二、现代远程教育资源的特点

国际著名远程教育学家爱尔兰教育技术专家戴斯孟德·基更（Demond Keegn）于1986年在其名著《远程教育基础》中，给了远程教育一个公认的定义，他从远程教育的基本特性出发作如下描述。

（1）教师和学生分离（与常规面授教育相区别）。

（2）教育组织的影响（与个别化学习及自学相区别）。

（3）技术媒体的使用，包括印刷的、机械的、电子的，把教师和学生联系起来并传递教学内容。

（4）提供双向通信，使学生从中受益或启发对话。

（5）为了教学和社会两方面的目的可能召开必要的会议。

（6）参与教育工业化形式（与所有其他教育形式相区别）。

基更的这个定义对远程教育的描述几乎无可挑剔，但这只是一个描述性定义，对于远程教育的本质并没有涉及。

现代远程教育资源除了具备一般教育资源的属性，如依附性（即媒介性）、转换性、传递性、无限性、有用性、可选择性等之外，其主要特点还有以下几方面。

（1）资源获取的便捷性。现代远程教育资源的这一特点根源于网络的传播特点。Internet上的信息可通过网络终端随时随地获取，避免了查找信息时的时间和空间限制。

（2）资源的共享性。现代远程教育资源除了具备一般意义上的信息资源共享性，还表现为Internet网页可供所有的用户随时访问，不存在传统媒体由于副本数量限制而不能获取信息的现象。而且，Internet还提供了大量的免费检索工具、免费下载软件、免费的信息资料。

（3）资源的互动性。现代远程教育中的资源不同于传统远程教育中印刷信息和电子信息的单向传播方式，也不同于电话的同步双向交流方式，它具备双向传递功能，即用户在接收到信息后，可针对信息随时向信源提供反馈。由于现代远程教育资源的互动性，让学习者可以根据需要自主地选择自己的学习目标、学习内容、学习方式、学习时间和地点。这种学习模式改变了传统的教学模式，使学习者具有了更大的主动选择权，突出了学习者在学习过程中的自主性。

（4）资源形式的多样性。现代远程教育资源不仅包括传统的文本、图像等媒体素材，还包括多媒体、多语种的形式表现，极大地丰富了教育资源的表现力，有助于学习者知识结构的更新和重组。

第二节　现代远程教育资源的建设与应用

远程教育课程与远程教育资源是互为一体的关系，既没有无资源的课程，也没有无课程的资源。一般来说，课程指的是科目，而资源则是具体科目的内容与载体，资源通过不同的载体形式（如文字教材、教学节目、网络课程、多媒体课件等），承载了具体科目，也就是课程的内容。通俗地说，教学资源指的是教师在教学过程中用到的辅助性教学素材、媒体、课件等资源，以及学生在学习过程中用到的各种信息。随着计算机技术、多媒体技术、通信技术以及教育技术的迅猛发展，教育的手段有了质的飞跃，远程教育和网络教学成为十分重要的教学方式。教育逐渐成为高新技术条件下的教育。在这种环境中，教学资源的概念也进一步扩充。

一、远程教育资源类型

远程教育承载课程内容的资源多种多样。从不同角度分类，可划分出不同的资源类型。例如，从资源的媒体形式来分，远程教育资源可分为文本类资源、视频类资源、音频类资源、多媒体类资源。从资源的传播形式来分，可分为书籍类资源、电视类资源、广播类资源、光盘类资源及网络类资源。

随着20世纪末信息技术的飞速发展，网络类资源获得了长足发展，一跃成为与书籍类资源并重的远程教育资源主流。电视类、广播类资源将随着网络带宽的不断扩容，逐渐向可交互点播的网络资源转移。网络类资源都是以数字化的形式来存储的，因此也经常被称为“数字化资源”。

远程教育资源设计应该树立多种媒体优化组合的思想。所谓立体化教材，就是这一指导思想的产物。不同媒体有不同的表现力，有不同的学习者参与方式，有不同的成本，有不同的易得性、易用性，有不同的用户终端。总体来说，文字教材是最方便携带、最方便使用的资源。录像资源、网络课程、多媒体课件等，都需要特定的设备与条件，携带性、易用性等都比文字教材差。

德里克·隆特利在《怎样编制开放与远距离学习的教材：教师和培训人员行动指南》一书中，提出了编制远程学习教材的实践模式。该模式对文字教材开发的实际工作具有直接的指导意义。

德里克·隆特利将具体的教材设计流程分为三个阶段：教材规划阶段、准备编写阶段和撰写修改阶段。其具体流程如下：

第一阶段，主要任务是分析学生的需求，确定教学目的与要求，确定教学内容的纲目，选择教学媒体，计划为学生提供支持，考虑现有的教材。

第二阶段，主要任务是考虑可利用的资源及限制，确定教材结构，设计活动及反馈，寻找示例，考虑使用图表，确定引导学生入门的手段，考虑版面形式。

第三阶段，主要任务是开始撰写初稿，完成并编辑初稿，编写检测材料，试用并修改教材。德里克·隆特利对每一阶段的每一项任务都提出了切实可行的方法措施。

二、教育资源的收集开发和管理

资源的收集与开发是资源建设的关键步骤，并且与参与建设的教师密切相关，主要是对教育教学资源进行开发制作、收集、购买和整合，形成一个教育教学资源库。

（一）资源的收集

教学资源的收集方式大体可以分为利用现有网络教学资源、利用学校原有的各种教学资源、购买商品化教育资源。

1.利用现有网络教学资源

Internet上蕴涵着大量的网络资源，充分利用Internet提供的各种服务功能，可以很方便地搜集大量包含有教育信息的资源，例如教学中需要的多媒体资源、多媒体课件、学科教学的最新发展动态、各种问题的解答等。搜集的对象包括整个Internet上的所有资源。有些门户网站提供了很好的搜索引擎，有些资源可以免费下载。在利用网络资源时，思路应该比较开阔，在保证尊重对方版权的基础上，大胆地“拿来”一切可用教学资源为我所用。

网络资源查找的途径有以下几种。

（1）大型门户网站

互联网上存在着数不胜数的网站，并以惊人的速度在递增，如此众多的网站使得任何一个人都无法完全驾驭它们，一些比较大的门户网站为我们提供了很好的解决方案。这类门户网站通常分为综合性门户网站和专业性门户网站。

①综合性门户网站，比如雅虎（www.yahoo.com）和搜狐（www.sohu.com）都有关于教育的网站资源分类检索，作为教育工作者，可以通过这些网站查找一些与教育有关的网站，点击其中的相关链接，就可以很方便地跳转到相应页面上。

②专业性门户网站，在互联网上另一类门户网站是专业性门户网站，这类专业性门户网站中的教育门户网站，对于教育工作者来说是更为重要的资源。例如“中国基础教育资源库”是中国基础教育网（www.cbe21.com）根据中国信息技术教育发展的阶段和进程，按照全国基础教育发展的需要，为全国中小学量身定做的教育资源宝库。中国基础教育资源库体现了现代多媒体技术视觉直观，检索快捷。使用简便的优越性，切实满足了学校学生、教师及教育相关单位对实用教育资源的迫切需求，符合基础教育教学改革的精神。

（2）搜索引擎

许多网站上都提供了很多有用的网络搜索引擎。利用网络搜索引擎，可以在特定的文本输入条中输入一些所需要寻找的关键词，搜索引擎就可以找到含有该关键词的网站、网页和新闻等。实际上，搜狐、网易等门户网站也都可以称之为大型的广义上的搜索引擎，还有许多网站提供一些小型的但有自己特色的搜索引擎。

2.利用学校原有的各种教学资源

学校在传统教学中必然积累了大量教学资源，这些教学资源大多是以文字形式或者是音像方式存在。在网络教学形式成为发展方向的今天，这些资源必然要进行数字化，才能更好地继续发挥它们在教学工作中的作用。

3.购买商品化教育资源

在校园网资源建设过程中，购买一定数量的切合实际需要的教学资源是资源建设过程中一项重要的工作。通过这种方式，学校可以在很短时间里为教学准备充足的教育资源。对教育资源库，商品课件的购买，或者进行大规模商业资源库的镜像与链接，都是集中、整体化、大规模地充实校园网资源库的方式。

（二）资源的开发

资源开发是资源建设过程中最为重要的环节，是核心中的核心。资源的开发应适合本地区本学校的需要，根据实际情况，有计划、有步骤地进行。

教育信息网络建设的核心和重点是各地方的教育管理部门共同建设学科教学资源库，其根本目的是共同建设、共享使用。所谓共同建设，是指每个学校只承担一课或几课（一个知识单元或几个知识单元）资源建设任务，而资源建设完成后，可以免费获取所有学科和所有知识单元的教学资源，这样不仅可以避免各学校低水平重复开发，而且可以选拔优秀学科教学资源，整体推动学校课件开发水平。

测试和评价过程应注意如下几方面。

（1）资源库中各类教学资源是否充实，需不需要进一步完善。

（2）各类资源间的组织关系是否清晰明朗。

（3）资源库能否正常使用，各种附加功能（如书签、笔记本、学习历史BBS或聊天室等）实现的好与坏。

（4）资源库页面设计风格是否统一协调。

三、现代远程教育环境的教育应用

各种远程教育环境组成各不相同，也各有所长，因而所能进行的远程教育形式差别较大。有的只能进行单向的广播教育，有的能进行双向的交互教育，有的进行学历教育，有的进行技术培训，有的可在家中进行学习，有的必须集中在一起进行学习。

（一）单向远程教育技术环境

单向广播电视技术环境包括卫星广播电视、地面微波接力广播电视、有线电视等。由于单向性传播的环境特点，因而只能大面积进行广播电视教育。接收者可利用电视机进行个别化同步学习和集中式学习，整个教与学的过程缺乏双向交互，学习者对教学内容缺乏选择权和控制权，因而教学效果较差，多用于早期的广播电视大学的学历教育。由于进行学历教育的效果较差，现在较多用于社会化培训，如农业技术推广、职业技术培训等非学历教育。

单向信息广播技术环境包括通过卫星传输的VBI数据广播及有线电视传输的单纯频道信息广播，凭借其强大海量的数据资源，可以向广大学校特别是西部边远地区的中小学高速传输教学课件、案例、试题、素材等，供中小学教师、学生下载，随时调用，也能提供名校同步教学的信息内容，请最好的教师给学生上课或为教师示范教学。借助名校教师的课程教案、教学课件及经典的教学视频，可迅速提高学校教师的教学水平。用户使用专用界面或Internet浏览器浏览VBI信息，感觉如同进入因特网，可帮助学生学习网络知识，提高信息收集能力。

（二）双向远程教育技术环境

双向远程教育技术环境包括VSAT技术环境、双向闭路电视系统、计算机网络技术环境和网络环境等。一改单向传输的特点，使教与学之间能进行双向实时交互，因而教学功能十分强大，教学效果得到明显改善，利用VSAT技术环境进行双向实时视频交互教学，使异地师生如处一隅，实现异地同步教学。

利用双向闭路电视系统，这种功能对于电视教学、咨询、电视购物和民意测验特别有用，便于各种数据、资料、图表等信息的双向交流或讨论修改。

利用PSTN可以开展常见的Internet服务，比如将教学资源制作成HTML格式的课件供学生浏览。另一个应用是桌面可视电话，比如用NetMeeting之类的应用软件，实现远端用户与本地用户之间的双向交流，当然图像和声音质量不可能很好。

我国的教育科研网（CERNET）就采用了DDN专线来连接分布在全国的骨干节点，节点之外的高校有的也使用DDN专线实现与CERNET的连接：中国科学院各院所的联网，则计划采用DDN上的帧中继来进行连接分布在全国各地的12个分院和北京的总院，达到了既经济又有时效的目的。利用DDN建立远程教育系统的原理中有3个点，它能通过3条DDN线路构成网状连接，实现3个节点的互连互通。从本质上说,DDN提供的透明数据传输功能就相当于用户拥有了自己的专线一样，任何时候都能使用。

ATM在远程教育中的应用主要有3个方面：一是利用ATM的电路仿真端口实现WAN范围内实时音视频信息的传送；二是利用ATM速率快的特点，借助IOPA或LANE技术实现LAN的高速互连；三是利用ATM建立视频点播系统。

四、远程开放教育的教学资源建设

在魏德迈、穆尔、霍姆伯格、西沃特、丹尼尔、史密斯、伽利森、基更、亨利和凯依等人现代远程教育理论的指导下，教学资源建设应着重体现以学生学习为中心、形式灵活、方便学生自学、便于交互、充分利用现代教育技术条件，尽可能为学生提供学习支持服务的思想。在这一思想指导下，对于不同的教学资源建设应提出不同的要求。

（一）文字类教学资源建设

文字教材是最基本的教学资源，其中最重要的是文字主教材。除主教材外，还可以有教学辅导材料、实践性教学环节指导书、形成性考核练习册和期末复习指导等。它们与其他形式的教学资源，均要纳入教学资源一体化设计的框架下统筹建设。

新编的主教材，除必须遵从大学教材编写的一般规范外，还要充分体现远程开放教育的特点。新编的开放教育试点文字主教材应注意与多种媒体教学资源的有机配合。教学辅导材料的编写必须紧扣主教材进行，要介绍该课程的预备知识，阐述重点难点，分析典型事例、例题，设计综合练习和复习指导等。实践性教学环节指导书主要指社会调查、实习、实验、大型作业、课程设计、毕业设计的指导等。形成性考核练习主要指统一安排的作业。形成性考核练习题要涵盖整个教学内容，要留有学生答题的空间和规范的评分记分要求，要达到使学生通过形成性考核练习消化所学知识的目的。

1.文字教材的内容

文字教材的内容包括两个方面：课程教学内容和自学指导内容。课程教学内容指本课程教学大纲中规定的教学内容。自学指导内容指本课程教学要求的说明，学习方法的指导，重难点分析，例题以及自我测试等。

2.编写组的组成和分工

编写组由主编与参编人员组成，主编任编写组组长。主教材编制组应由五人以上组成，辅助教材编制组应由三人以上组成。编写组实行主编负责制。编写组分工编写文字教材，主编统稿。

3.文字主教材的编写纲目和样章

将教学大纲要求的教学内容细化为教材编写的章、节、知识点等细目，确定文字教材的编写纲目。编写样板章节，确定教材的编写体例（含版式设计）和编写要求。

4.审定

教材审定实行“编审分离”的原则，教材的主审必须由业内知名专家担任。教材的审定由主审独立进行，也可根据需要由主审组织若干专家集体进行。主审依据教学大纲对教材进行审定，在科学性和教学性两方面写出书面审定意见，呈学校教学资源建设委员会通过。

5.出版要求和发行工作

文字教材在教材版式设计、编辑出版、印刷质量等方面应符合国家有关规定。文字教材的名称一般与课程名称相符，教材的编者以实际编写者为准，要保护作者的著作权。文字教材的发行应按照国家有关规定实施。

（二）音像类教学资源建设

音像类教学资源包括音频类教学资源和视频类教学资源、录音带、录像带、VCD光盘等。音频类教学资源是以录音带为主的教学资源，主要用于语言类和只需要叙述的知识性教学内容中，通常为学生自学时使用。视频类教学资源的教学内容要与文字教材内容密切配合和互补，避免简单重复，要起到辅助、深化和强化教学的作用，要突出教学性、导学性和交互性。

录像带是所有视频教学节目的基础，自制教学录像带视同于教材建设，要符合国家音像教材建设规范和技术标准。录像带的制作应按申请立项的方式进行，制作前要经过论证和审批。根据教学大纲和多种媒体教学资源一体化设计方案制作的录像带等音像教材，在开机前要编制文字脚本和设计分镜头脚本，流媒体课件要准备好PPT文档；制作完成后要经过审定验收才能作为音像教材推广使用。

其他视频类资源的制作要求参照录像课制作标准。制作的视频类教学资源，在教学应用中可采用以下方式的一种或数种。

（1）利用录像带复制和播放。

（2）将录像带转成VCD形式播放。

（3）将录像和文字讲稿综合制成三分屏课件，放在网上供选取或制成光盘发行。

（4）将录像带转成数字视频信号放在网上，在网络带宽足够的地方供直接点播。

（三）IP（流媒体课件）制作

IP课件制作有两种方式，既可以直接制作IP课件，也可以先做直播课，再把直播课制作成IP课件（流媒体）。

IP课件的主要内容为覆盖本课程全部知识点的辅导课，包括重难点辅导和期末复习指导。

在直播课堂播出的课程要有较高水准和一定权威性，播出前须经主管部门审核，其播出内容和质量合格后方可播出。

1.文件（夹）结构和命名

根据一门课程的课件制作情况，课件制作的文件（夹）结构可以分为四级，其命名规则是根据课程名称和文件类型来制作。

2.页面

（1）主页面

①统一元素的使用

主页面里需要有一些统一的元素。主页面中包括的元素主要有：学校标志（logo）、视频、知识点标题、文稿、课程名称、主讲教师介绍、使用说明（使用帮助）、制作单位名称等。使用固定尺寸和颜色的logo，置于课件页面的左上角。课程名称置于醒目位置，使用比正文稍大的字体。标明制作单位名称，字号14.8px，用鲜明的色彩；如果是将“××大学课程”字样绘制在图片中，注意与背景颜色的反差，以醒目为原则。教师简介放置于单独的弹出窗口中。加入帮助信息链接，内容为课件功能及详细的使用方法说明，同时加入对课件介绍的说明性文字。统一加入Windows Media Player播放器下载的链接。另外，如果课件中使用了iframe，则还需要加入下载IE5.5及以上版本的链接。

②操作功能

单击知识点链接时，视频与文稿同步跳转到相应内容，且正确无误，视频时间点误差控制在3秒以内，实现视频内容与文稿内容的同步性。如果不单击知识点标题的链接，视频在播放的过程中，当播放到某个知识点时，相应的文稿页面自动跳转，实现视频内容与文稿内容的同步性。（知识点链接文字不得超过10个汉字）

（2）正文

①一个知识点链接的文稿必须在同一区域内打开。

②用统一的背景。

③使用默认页边距。

④无错字、别字，内容完整无缺。

⑤文字统一用css样式进行修饰。

⑥每讲课程大标题统一用宋体字，字号为32px，加粗，居中，段前间距一行（与顶部空出一行）。

⑦正文字号统一为宋体14.8px，行距为22px。

⑧知识点链接字号为13.5px，颜色不限，加下划线。

⑨每个段落一律首行缩进两个汉字（段首空两格）。

⑩统一使用全角标点符号。

⑪若出现上一页、下一页链接，将该链接（或图片）置于文字页面的底部，并且整个课件中的位置相对固定，统一使用小字体13.5 px。

⑫页面内禁止出现横向滚动条，出现竖向滚动条的页面原则上文稿内容不能超过1.5倍页面容量。

3.视频

视频的格式是asf或者wmv。视频文件由指引文件（格式是asx）指引播放。应画面清晰，无马赛克现象，前后无黑场、无中断，不出现无关画面。对视频的控制能够达到所要求的功能，比如播放、停止、暂停等。

4.图片

对所有使用到的图片进行优化，规定背景图片大小应在10kb以内，页面内图片控制在3kb以内。

五、多种媒体教学资源一体化设计方案

多种媒体教学资源一体化设计方案应根据课程教学大纲的要求，对教学内容、教学方式、教学环节和各种媒体的使用与配合等提出具体方案，具体包括总体设计思想、文字教材编写方案、其他媒体教学资源编制方案和教学过程建议与媒体使用说明等。

（一）总体设计思想

多种媒体教学资源一体化设计方案应遵循以下基本原则。

（1）根据本课程的性质、特点、教学要求和各种媒体教学资源的特点，提出本课程教学资源一体化设计方案的总体设计思想。

（2）从远程教育的特点、教学对象的学习需求、学习方式和学习环境出发，把握相应层次的教学要求，突出方便学生自学和对学生能力的培养。

（3）文字教材是基础，是教学的主媒体。文字教材的内容要符合教学大纲的要求，注意学习方法的指导，便于学生自学。

（二）教学过程建议与媒体使用说明

（1）说明各种教学媒体之间的关系，以及如何利用各种媒体完成本课程的教学过程。

（2）说明本课程教学过程中各级辅导教师如何使用各种媒体进行教学活动。

（3）说明学生如何利用各种教学媒体和教学支持服务完成本课程的学习。

（三）多种媒体教学资源一体化设计方案的审定

课程组组长负责将多种媒体教学资源一体化设计方案草案提交专家组或教学资源建设委员会审定。多种媒体教学资源一体化设计方案审定后，由专家组或教学资源建设委员会写出书面审定意见，连同多种媒体教学资源一体化设计方案交教学管理部门备案，作为教学资源建设的依据。

第三节　现代远程教育的教学系统及其设计

一、授课子系统

单向系统通常是采用单向广播方式进行教学。这种方式类似于电视节目的现场直播。虽然学生能够看到教师上课的图像，听见教师说话的声音，但是由于信息的传播是单向的，所以教师不能看到学生或者听到他们的声音，因而师生之间的交互活动也无法进行。尽管无法交互，但这种教学方式也有其自身的优点。首先，其系统覆盖范围可以很大，能够遍及各个偏远地区，因而具备一定的规模效益。其次，由于是单向广播，所以其接收技术、设备简单，网络建设和网络使用的费用较低。最后，由于对传输网络的技术要求较低，所以可以直接利用我国已建成的大量单向网络传输系统，比如卫星电视网、有线电视网等。目前使用单向传播的远程教育系统，主要是采用视频广播这种方式。

整个教学过程是基于双向传输网络系统和多媒体计算机终端来进行的。由于每个终端既要发送信号，又要接收信号，所以双向系统的终端设备应该具备比单向系统的终端设备更强大的功能。由于对网络双向传输信息的要求，整个网络的技术指标也相应提高，以上都决定了双向系统的建设和使用成本远远高于单向系统，当然，双向系统的教学效果可能会优于单向系统。由于双向系统能够实现师生的交互，所以实际上是相当于将面对面的课堂教学方式从教室搬到了网上，因而更加符合学生通常的学习习惯，具有良好的教学效果。现阶段，主要是借助于视频会议系统来构建实时双向系统。

二、自主学习子系统

自主学习子系统是支持学生利用远程教育系统学习材料进行自主学习的系统，这也是远程教育系统区别于普通学校教育的一个重要方面。虽然教师授课系统教学临场感强，学习效果好，但是对于学生而言，如果希望听课，必须在特定的时间到达特定的学习终端前才能听课，这对于参加远程教育的成年人群体来说，是不现实的。他们总是受工作或其他因素影响而不能在指定的时间、地点参加听课。这样，就提出了建立一种不受时空限制的教学系统的需要。有些远程教育系统还可能由于经费或是网络环境等方面的原因，并没有建立教师授课系统，因此，为学生提供一种自主学习的环境就显得尤其重要了。由于其所具有的时空不限和灵活的学习方式等优点，学生自主学习系统正在得到越来越广泛的利用。

课件也是由专门的教师或技术人员编写的一种电子教材，它同样也提供了声音、图像、动画、文字等多媒体信息组成的教学内容。但与教学网页不同的是，课件通常是一个应用程序。只要本地终端与教学服务器建立了链接，学习者就可以在本地终端上直接运行该程序来进行学习，而不必借助于网络浏览器。有的教学服务器还提供课件下载服务，只要将课件下载到本地计算机，学习者就可以利用课件进行离线学习，更加灵活地控制自己的学习进程了。课件具有与教学网页不同的交互方式。如果说教学网页实现的是师生之间人与人的交互，那么大多数情况下课件提供的则是学生与课件程序之间的交互。编制课件的人员根据自己的经验或调查研究结果，对学生在学习过程中可能出现的反应或举动做出了预设和假定，然后依照假定的结果创建课件系统中的学习分支结构，以及预置解答和学习评价等，学生与课件的交互全部都是预设在课件系统中的。

三、学习需求的分析

在远程教育中，机构的设置、课程体系的建设、课程标准的制定、教学过程的优化、教学媒体和网络课程的开发都需要在教学设计基础上进行，而教学设计的依据是对学习需求分析的结果。

通过采用内部参照分析法或者外部参照分析法论证教学设计的必要性和可行性，是解决教学设计是否解决问题的必要途径。因此，教学设计必须从学习需求的分析开始，即问题的分析和确定作为出发点，形成总的教学目标，然后寻找相应解决问题的最佳方案，从而最终解决问题。比如，在远程教育中对一个“专业”的总体设计、对准备要开办的“培训班”的设计，或对某一行业员工进行“培训”的设计，都需要进行外部参照需求分析。

四、基于同步教学和面授的教学过程设计

同步教学是指学生通过一定的媒体环境与教师进行实时交流的教学形式，如卫星电视直播课堂教学、视频会议系统教学和计算机网络会议系统教学等。在卫星电视直播课堂和单向视频会议系统中，学生可以实时接收教师讲课的内容，但是不能和教师进行交流；而在双向视频会议系统和计算机网络会议系统中，学生不但可以接收教师讲课的内容，还可以实时与教师进行双向交流，但这种形式仍然以教师的讲授为主。

另外，在当前远程教育中，还大量采用面授的教学形式，由教师“面对面”对学习者进行授课和辅导，以弥补学习者自主学习的不足。因此，基于“教”的教学过程设计，仍然是远程教育中重要的组成部分。

第四节　现代远程教育的模式探索

一、关于教学模式的认识和思考

教学模式的概念，是在20世纪70年代初引起教育界学者们的关注和重视的，代表作是美国学者乔伊斯和韦尔合著的《教学模式》一书。对于教学模式的定义，从一些资料来看，认同度比较高的定义是：教学模式指在一定的教育思想、教育观念、教学理论指导下，运用一定的教学策略和教学方法所形成的教学进程的一定结构形式，是教学系统四个要素（教师、学生、教材、媒体）相互作用、相互联系的具体体现。在现代远程教育教学中，正确认识教学媒体的作用，科学地发挥教学媒体的作用，也是一个非常重要的研究课题。

从20世纪中期开始，我国的教育界，特别是远程教育领域，开始逐步从对传统教育的诸多弊端的批判中，引入"建构主义"的教育理论。在传统教育观念影响下建立的教学模式中，教师在整个教学活动中处于主宰地位，具有无上的权威。学生在学习过程中只是被动地接受教师所灌输的系统知识和基础理论，而教学媒体也主要是作为教师演示某一教学内容的辅助工具或直观教学教具，教材则是学生学习相关理论和知识的唯一来源。这种典型的以教师为中心、以课堂为中心、以教材为中心的传统教学模式，非常不利于学生在学习过程中主动性、积极性、创造性的发挥，不利于学生的个体发展，更不利于创新人才的培养。

全国广播电视大学从1999年经教育部批准，进行"人才培养模式改革和开放教育试点"项目以来，一直在积极学习有关理论和进行教学改革，认真探索适合本地实情的教学模式，将建构主义、混合学习（Blending Learing）的学习理论与现代远程教育的教学实践相结合，探索具有现代远程教育特色、符合现代远程教育规律的教学模式改革的基本框架。

二、教学模式与导学

要研究教学模式，不得不提到导学。导学是现代远程教育包括广播电视大学基本教学模式中的主要内容，无论教师采取何种教学模式来实施某一门课程的教学过程，其最终目的均是为了完成导学的教学任务，达成教学目标。

现代远程教育中的导学，是指教师通过各种渠道，以不同的方式，对学生的自主学习在内容和方法上给予指导，为学生提供信息帮助和进行学习评价等行为的总和。导学的实质是沟通，是实现教与学之间的沟通，从而最大限度地提高学习效果。

导学是一个含义丰富的概念，包括直接和间接的两大类。直接导学就是面对面进行指导，也就是我们通常说的面授辅导。间接导学是指通过多种媒体来实现的导学，包括印刷材料、通讯手段、互联网等。具体来说，导学的作用主要体现在以下几个方面。

（1）采取各种方法最大限度地激发学生的学习兴趣，保护学生的学习热情并使之持续高涨。

（2）帮助学生从整体上认识课程内容及课程特点，并给予学习方法上的介绍和引导。

（3）科学指导学生充分、有效地使用各种教学媒体进行有效学习。

（4）指导和启发学生思考问题，组织学生进行社会实践、案例分析、课堂讨论和小组学习活动等。

（5）及时对学生学习情况进行评价，鼓励学生不断进步，对缺乏学习主动性的学生进行监控和督促，帮助学生解决学习过程中的各种困难。

三、远程教育的模式分类

远程教育的模式划分方法有好几种，这里主要根据运用的媒体、承担的教育任务、使用的传播通道三种依据来划分。

（一）从运用的媒体角度划分

这是一种最简单的分类模式，也是我们常说的分类模式。从远距离教学媒体的变革来看，到目前为止世界上已有函授教学模式、无线电广播教学模式、电视（广播电视、卫星电视和闭路电视）教学模式和计算机网络教学模式等。

无线电广播教学模式主要是利用无线电广播媒体传送口头语言教学信息，并辅之以印刷媒体教材的远教形式。这种模式很适合语言类和音乐类的课程教学。学习者按时收听广播，并且结合印刷教材进行自学。但由于收听时间安排的局限性较大，广播又是稍纵即逝，加上更先进的媒体冲击，所以该模式在今天没有太大的发展。

电视教学模式主要以电视媒体为传送教学信息的载体。由于众所周知的电视媒体信息表现特点，所以该模式从产生至今一直经久不衰，是当今世界上最重要的远距离教学形式。

目前，计算机网络教学模式的教学已在欧美、日本等一些地方和国家产生，取得了良好的成效。我国也已迈开了迅速发展的步伐。可以肯定的是，计算机多媒体网络技术的教学形式，将是现代远距离教学发展的必然方式。

（二）根据承担的不同教育任务划分

1.开放大学模式

目前这种类型在全世界最为普遍，最出名的要数英国开放大学。在法国、荷兰、瑞士、美国、加拿大、以色列等一些发达国家以及一些发展中国家都先后建有开放大学。

2.函授与广播并用学校模式

世界上大多数国家的远程教育多在比大学低的教育程度上进行。澳大利亚在20世纪40年代末50年代初就用这种形式来教偏远地区的中小学校学生，以及住在距学校远的村里儿童。他们的主要媒介是广播和函授。又如，日本有一所相当有名的由日本广播协会支持的函授广播高级中学。韩国也设有同样的学校。波兰也设有一所远距离中学，该校的学生多为农民，一边种田，一边读书。

3.个别独立研究模式

此类型的远程教育并不多见。它的教学基本论点是：高等教育不一定要全部在大学校园内进行，许多最有用的学习经验可以在别的地方得到，有的完全与学校无关。纽约的帝国大学便是建立在此信念上的，该校没有教室，没有讲课，也没有学期。学生先会见指导教授，核查学生过去的学历和经验，然后看需要加读些什么科目，增加些什么经验，才能达到学位要求。学生会被介绍到一所大学选几个课程、指导阅读、取得相关的经验、访问或旅行等。学生完成学位要求后，可以回到学校参加考试。

4.补充课堂教学模式

这种类型的远程教育是指充分利用外面的信息资源协助课堂教室里的教学，这是比较常见的模式。例如马里兰州、华盛顿都因为专科教师不足，便利用有线电视，让郡里最好的专门科目教师，通过媒介来辅助郡内的教学。

5.训练师资模式

新课程的增设、新教学标准的需求、学生人数的增加，都要求训练更多的师资，或者重新训练现有的师资。而现实是大多数学校很难把教师送回师范学校或教育学院重新训练。因此，不少国家便通过广播或电视，利用课余时间来训练教师，同时辅以函授。这样，既提高了教师的讲课能力，教师又可以得到较高的学历或晋级，同时不影响教学。

6.补习课程模式

成人进修越来越重要，也越来越受欢迎。今天在许多行业里服务的人们，若要赶上时代，应该不断进修，每工作10年至少应增加一年的大学教育。这种补习课程型的远程教育，正是为成人进修所需求的学科提供了机会和便利。

7.推广基础教育模式

普及基础教育是提高国民素质一个极其重要的前提，世界各国都投入数量巨大的人力和物力资源，而这对一些欠发达的国家来说是个难题。因此，很多发展中国家纷纷设立广播学校以推广基础教育。其中最大的广播学校，要算巴西的“基础教育运动”（Brazilian Movement of Education of Basic）。在1970年至1977年间，曾有3000万人选读它的课程。

8.广播讨论会模式

一般通过团体的形式来发展，主要传递经济与社会发展必需的知识和技能，以帮助国家的建设。目前，世界上约有50个国家采用过这种形式。比较著名的有加拿大为了推广新式农作而创造出的广播座谈方法；20世纪50年代末由联合国文教组织资助，印度国家广播电台及农业服务局联合执行“普纳计划”。

9.广而告之模式

就是利用媒体手段传播、展示信息。例如，菲律宾在推广“麦赛加纳九十九号稻种”运动时，主要用广播来呼吁农民采用新稻种，并且供给详细的资料，然后利用信用贷款和价格优惠支持农民采用新稻种，同时协助取得稻种、分发肥料、改进灌溉条件。结果两年间，目标地区稻产增加了28%，以后两年又上增了10%至11%。每一公顷的稻产量为3.3吨，附近未进行的地区，产量不到一吨。

（三）根据使用的传播通道划分

1.阅读型远程教育

阅读型远程教育是以印刷媒体为主要信息源的远程教育模式。这种模式以函授形式为主，适当以录音、录像为辅助手段，以解决学习中的重难点问题。

2.听觉型远程教育

听觉型远程教育是以无线电广播为主要信息源的远程教育模式。日本的远程教育是从广播教育发展起来的。我国则有中央农业广播学校以及地方电台举办的外语广播教学班等。

3.视听型远程教育

视听型远程教育是以广播电视、卫星电视为主要信息通道的远程教育模式。如英国的开放大学，我国的电视大学和各级各类教育电视台。目前，卫星电视教育是我国的主要远程教育类型，以后还将在远程教育实践中扮演重要的角色。

4.计算机网络型远程教育

这种类型是以多媒体计算机和网络通信技术为核心支持技术的远程教育，也即现代远程教育，是远程教育的未来发展趋向。它营造了一种“赛伯空间”，把整个世界网络成一个“地球村”，在某种意义上使远程教育中的“远距离”成为“零距离”，拥有无限广博的多媒化教育资源，使教育真正走向国际化、民主化和个性化，教育和学习活动实现实时性、交互性的交流。

四、现代远程教育的教学模式分析

广播电视大学“人才培养模式改革和开放教育试点”项目是教育部组织实施的现代远程教育工程重要组成部分，试点的目的是探索和构建现代远程教育条件下应用型高等专门人才培养模式的基本框架，以及相应的教学模式、管理模式和运行机制。

教育模式的产生与应用既有从理论到模式再到实践这一程序，也有从实践到模式再到理论这一程序。所以，模式能沟通理论与实践，既促进理论的发展，又促进实践的发展。“教学过程”是一种特殊的认识过程，是一个促进学生身心发展的过程，同时也是一个有规律的过程。教学模式与教育过程的关系从辩证法的观点看，两者既有差异又有同一，模式中有过程，过程中有模式。一种教学模式，总有相对应的教学过程。反之亦然，变换教育过程常常导致教学模式的变换。

（一）远程教师实时授导模式

远程教师实时授导模式是指教师通过有线电视、卫星电视、会议电视、计算机网络等视、音频设备与通信网络，对学习者进行实时教学授课或辅导，学生通过计算机网络或会议电视等相应设备与教师建立实时（或非实时）的反馈联系。比如借助于计算机网络实现的远程教师实时授导模式的特点主要有：教学效果较好，类似于传统课堂教学，但要求的技术环境较高。目前条件较好的网络大学多采用这种模式。

（二）基于资源的自主学习模式

基于资源的自主学习模式是指学生充分利用各种学习资源自主学习。由于

Internet上蕴藏着无穷无尽的信息资源，因此，学习者可以根据学习目标的要求通过网络检索工具方便、快捷地获取所需知识，进行高效的学习。

（三）教学模拟与虚拟实验学习模式

教学模拟与虚拟实验学习模式是指教师充分利用计算机建模技术、仿真技术和虚拟现实技术来模拟或虚构某些现实情境，学生通过观摩、体验以及参与训练的方式进行学习。其教学过程包括“计算机模拟或虚拟真实世界环境——学生观摩、参与、体验——反馈”三个方面。

教学模拟与虚拟实验学习模式是解决远程教育中演示或操作性实验教学问题的一种很好教学模式，但受技术环境和经济环境制约，难以大规模地开展。

第五节　现代远程教育的新进展

无论你喜欢还是不喜欢，以MOOC大数据、互联网+为代表的基于互联网及移动互联网的现代远程教育大革命已经到来。它如疾风暴雨般席卷全球，并深刻地影响全世界的每一个人。

一、MOOC重新定义学习

MOOC最早是由两名加拿大学者于2008年提出的。课程结束不久，特隆教授组织开发了Know Labs的开放课程平台系统，也就是Udacity平台的前身。在巴斯蒂安·特隆教授的影响下，斯坦福大学教授安德鲁·恩格与达芙妮·科勒于2012年联袂开发了Coursera MOOC平台。同年，麻省理工学院在原有MIT的基础上，由MIT和Harvard合作开发了edX。之后，很多国家相继推出了MOOC，如英国的FutureLearn平台、德国的iversity平台、法国的FUN平台、澳大利亚的Open2Study

平台、荷兰的SURFnet平台、西班牙的Cypt4you平台和MiriadaX平台以及芬兰的Eliademy平台等。

中国各类高等教育机构也积极参与到全球MOOC快速发展的浪潮中。北京大学、清华大学、上海交通大学、复旦大学先后与Coursera和edX开展合作，陆续推出50多门MOOC课程。2013年10月，清华大学推出了“学堂在线”首家中文MOOC平台。随后，中国石油大学（华东）也推出了“MOOC石大”。2015年，国内37所一流大学和奥鹏远程教育公共服务体系共同发起成立了“MOOC中国”。截至2016年3月，“MOOC中国”联盟参与单位已经达到116家。

对于MOOC，有人赞许，有人期待，还有更多人质疑。它从诞生之初，就不乏质疑者和反对者。近两年的实践表明，MOOC存在明显的缺陷，包括：极低的结课率；孤独的学习体验；匮乏且存在瑕疵的评测手段；未成功兑现“向世界范围内几百万缺乏教育资源的年轻人提供高质量教育”的诺言；找不到盈利模式让投资人逐渐失去了耐心等。2013年，Udacity创建者巴斯蒂安·特隆宣布，公司发展战略核心发生分化，部分战略由最初的“重塑整个高等教育体系”等较为激进的愿景，向“为民众提供职业培训服务”等较为温和的目标转移。

MOOC的迅猛发展，使数以万计的学习者选择同一时间进行学习成为可能。其为消除学费的高昂、打破教育资源的垄断所做的不懈努力为大家有目共睹，这也充分证明了MOOC项目的利他性动机和发展宗旨，绝非打着教育暴利的幌子。社会进化与制度变迁是人类难以抗拒的自然规律，就像所罗门宝瓶中释放的巨魔，无论你是哀求还是威胁，均无法轻易将其塞回瓶内，重新贴上封印。最为明智的应对方式是寻找能够驾驭巨魔的人，并思考怎样才能合理利用其为自己服务。理解以上观点，将有助于我们以科学、客观的态度分析MOOC项目的发展前景。

二、大数据变革生活与思维

在以移动互联网、物联网、云计算、数据挖掘、学习分析等综合技术为基础的大数据时代，技术正在引发教育的深刻改变。在“石大在线”平台使用过程中，学校积累了大量的教学和学生信息数据，设计开发了“大数据动态监控系统”。通过对学生学习、教师导学等相关数据的挖掘和分析，发现学生学习行为和学习轨迹。通过大数据挖掘和分析，发现学生的行为和偏好，教师的导学效果、不同合作单位对学生的助学程度，以便于加大监管力度，同时为学生提供个性化的、有效的教学支持。

当“互联网+”从概念变成现实，当很多此前想象不到的服务在现实中轻松一“点”即可享受时，人们惊呼：“互联网+”比孙悟空还神通广大。

互联网教育的无边界可以用五个A来概括：Anytime（任何时间）、Anywhere（任何地点）、Anyone（任何人）、Anycontent（任何内容）、Anyformat（任何形式）。这些边界的打破才是互联网教育的真正变革。

Anytime：打破时间边界。学习变成碎片化过程，随时进行。

Anywhere：打破空间边界。学习可以在任何地点发生，而不局限于课堂。

Anyone：打破年龄边界。不同年龄和背景的人可以同时上课。

Anycontent+format：打破虚拟和现实边界。线上和线下教育内容完全打通，形成整体。

第七章

信息化时代教育技术的创新推广

随着信息的快速传递，人类进入信息处理技术普遍应用和信息传播速度加速发展的信息时代。进入信息时代，教育技术的更新发展不但更迅速，而且更能适合教育教学的进一步发展。本章立足于现代教育技术应用于教学的特点，对教育技术的发展进行深入研究，为其创新发展提供更多建议，以保障教学的迅速发展。

第一节 移动学习技术在教育中的推广

2019年2月24日，华为发布了跨时代的手机产品MateX，这款手机采用了柔性屏幕，折叠起来是手机，展开后可以作为平板电脑使用，随之而来的还有5G技术的运用。如今，移动互联网发展迅速，手机更新换代的速度越来越快，应用也越来越广泛，移动社交、移动支付、移动观影等已成为当今社会一种主流的生活方式，而紧随其后的便是移动学习。

移动学习被称为“M-Learning”（Mobile Learning），是利用现代通信终端，如手机、平板电脑等设备进行灵活自主的学习。学习者不再被限制在电脑桌前，可以自由自在、随时随地进行不同目的、不同方式的学习。学习环境是移动的，教师、研究人员、技术人员和学生也都是移动的。

美国斯坦福大学的学习实验室很早便开始了关于移动学习的应用实践研究。他们认为既然无线网、iPad等能够帮助我们与其余事物均保持密切的联系，那么也应该能够帮助学生使每天的碎片时间都富有意义。他们将移动电话应用于学生的语言学习环境中，将外语学习（比如西班牙语或者其他语种）作为主要的学习内容。在2001年夏天，该实验室开发了几种较为简单的M-Learning模型，也是较早就应用于实际的移动学习模型，让学生可以随时在“移动”中学习，也可以利用自己的碎片化时间在一个安全可靠的环境中进行知识的预习、复习和练习。

爱尔兰教育技术专家基更（Desmond Keegan）在他的《从远程学习到电子学习再到移动学习》（From d-learning, to e-learning, to m-learning）一文中，将移动学习放在了远程教育的最新阶段，可以说，移动学习是一种面向未来的学习方式。

对于移动学习，可能不少人还有困惑，究竟何时、何地、何种方式的学习才算移动学习呢？之所以造成这种困惑，其实源于我们对于“正式学习”和“非正式学习”的严格区分。“正式学习”是指发生在实体场所的有监督的学历教育或继续教育；而“非正式学习”指在非正式学习时间和场所发生的，通过非教学性质的社会交往来传递和渗透知识，由学习者自我发起、自我调控、自我负责的学习。

让我们回到问题的原点，学习是什么？有人会告诉你学习是教室里那日复一日的头悬梁、锥刺股，是实验室里那一次次泪洒衣襟的失败尝试，但学习也可以发生在一个夏雨初晴的等公交的午后，也可以发生在一次愉悦的老友聚会期间。数十年来，我们一直试图通过正式的学习来培养未来的接班人。如今，越来越多的研究表明，非正式的学习更能让学习者成为一个完整的、社会的人。调查发现，学龄期儿童约有79%的时间在进行非正式学习。

你不会从正式的课堂里学到如何做糖醋排骨，但你可以从一篇微信公众号的文章里了解到详细的步骤。学校的课堂告诉你了大数据的概念，你可能对此依然熟悉又陌生，但你可以从CSDN的一篇博文中详细了解到滴滴、美团等公司的大数据架构。人们创造了诸如微信、秀米、美篇、易企秀等一大批易于实现内容分享的社交软件，而今，这些平台也成为知识分享、碎片化学习的前沿。只要你愿意去学习，你就能获取到各种知识，诸如从“如何做PPT”到“设计大数据架构”，应有尽有。在教学上，也有蓝墨云、雨课堂等一大批移动App被运用到正式课堂上。

稍显遗憾的是，至今还没有哪一个平台能够有效地整合“正式学习”和“非正式学习”。但技术的飞速发展，让我们有理由相信，移动学习将成为整合正式学习和非正式学习的最大可能。人类从狩猎时代到农业时代用了十万年，从农业时代到工业时代用了几千年，而由工业时代到原子时代，只用了两百年，之后，仅用了几十年，就进入了信息时代。得益于人类文明这种加速进化的能力，技术的发展会越来越快，在未来的学习中，移动学习将是各种学习平台的集大成者。正如美国的教育学者Terry Heick所描绘的那样，内容获取让我们能随时随地获取知识，云端加持让我们实现多人协作，透明性让我们在学习的同时可以直接接触到本地和全球的任何社群，学习方式将更加多样化，学习内容将更加个性化，同时兼具实效性、娱乐性和自我激励、自我管理的特性。

移动学习以最平易近人的方式，提供了独一无二且无与伦比的学习机会。移动学习将为前面所提到的“混合式学习”“联通学习”提供良好的载体，移动端也终将成为采集教育大数据的重要入口，成为下一节即将提到的“量化学习”的重要数据来源。让我们为未来的移动学习做好准备，去尝试一下用“为知笔记”来记录学习中的点滴，用“微软小蜜”来进行课件识别，用“坚果云”来同步学习资料，用“百词斩”来记单词……唯有通过一次次不同的移动学习体验，我们才不会被技术的发展甩开太远，才有在这科技引发巨变的时代中不断自我发展的资本。

第二节　社会性软件在教育中的推广

一、社会性软件概述

社交网络在改变人们网上交流方式方面已经发挥了重要作用。它促使读/写网络的产生，在这里用户不但可以检索，而且可以编辑网上信息。“社会软件”很难被定义，因为它可以包括很多不同的工具。有人认为，社会软件包括使人们更容易在网上联系的所有工具，例如，无线互联网接入和移动设备。其狭隘的定义可能只包括可以让人们进行双向对话的软件，但不包括类似于播客和屏幕录制这样的技术。

汤姆·科茨（Tom Coates）是一位博主，同时也是雅虎员工。他为社会软件下了一个最简明的定义："社会软件可以宽泛地被定义为一种支持、扩展或保存人类社会行为的附加值——留言板、音乐共享、照片共享、即时信息、邮件列表、社交网络的软件。"因此，本书将社会软件定义为一种工具，这种工具必须至少满足以下三个条件中的两个。

（1）它促进人们的交流、协作，并建立网上社区。

（2）它可以进行联合、共享、重复使用，或重组，或有利于形成联合组织。

（3）它可以使人们轻松地模仿别人的行为或学习别人的知识。

虽然有些工具（包括电子邮件列表和论坛软件）20年前已经出现了，但大多数社会软件真正得到发展还不足10年。这些新的工具帮助人们创建并从读/写网络的现代理念中获益。这将从根本上促进协作、共享和社区的建立。

社会软件可以包括各种不同的工具，而这些工具的共性就构成了社会软件的特色。

（一）内容创作和内容共享

多年前，把内容放到网站上是精通计算机技术的人士才能完成的工作，这些人熟悉HTML和Web编程语言。随着社会软件的发展，任何人都可以在网上编辑内容，包括照片、文字、音频和视频。博客软件让任何人都可以轻而易举地创建自己的网页，使用这种软件可以编辑任何内容并且稍后就可以发布到网页。博客也可以让一些组织建立网页而不需要网管。从本质上讲，只要你能打字，就能建立一个博客。对于想把内容添加到个人空间的用户而言，利用维基很容易做到，而且他们也无需知道任何HTML技术。从本质上讲，人们可以用维基来共同建立一个网站，在民主的基础上对其内容进行编辑。

照片共享软件可以让人们轻松地把他们的数码照片上传到网上与他们的家人、朋友或其他人分享。音频软件使用户创建一个数字音频文件变得很容易，但现在，我们可以提供某种服务对这些音频文件进行编辑并组合，使这些音频文件通过播客被大家获取。拍客软件可以让人们创建动画、电影而无需深入知道任何动画技术。视频编辑软件已经变得越来越方便使用。即使自己没有服务器的人们也可以创建博客或维基，编辑播客和视频，并把这些内容通过一些免费的存储服务放到网上。在线目录使得这些博客、照片、播客和视频更容易被大家发现。事实上，社会软件已经让每个人的自我展现、与家人和朋友分享变得很容易。

（二）在线协作

虽然电子邮件让交流变得很容易，但是在网上进行分工协作并不容易，直到维基产生，这一问题才得到解决。维基产生之前，网站开发只能是相关人员告诉网站开发人员——他们需要在网站上呈现的内容，由网站开发人员进行网上编辑。随着维基的产生，大家可以共同创建一个网站，任何人都可以添加或编辑内容，不受时间和空间的限制。使用维基，人们可以分工合作来建立各种指南和知识库、计划会议、编辑文本。维基还提供了一个供不同的人为不同的目的而收集知识的空间。

（三）交流：分布式的、实时的

社会软件使得交流有很多种形式。博客可以是博主和读者之间以评论的形式进行交流。分布式交流（交流不止在一个地方），则是博主通过自己的博客评论别人的作品。永久链接，或永久链接到特定的博客文章，让人们很容易地了解到博主将自身对特定博文的评论推荐给读者。评论可以让我们知道谁对我们说过什么，我们怎么在博客上回应他们。人们甚至可以通过订阅“自我搜索”来接收另一位博主随时推送给他们的最新内容。

人们可以通过使用即时通信工具（IM）或网络电话（VoIP）进行实时交流。使用即时通信工具，两人或多人可以通过打字的形式在网上进行同步交流。网络电话是一种互联网协议，允许两人或多人通过电脑进行通话。使用网络电话和打电话的效果是一样的，只不过网络电话是通过网络而不是电话线来传递信号。

（四）自下而上构建的社区

人们通常把网上社区当作一个由上而下创建的组织而自觉加入。这种类型的在线社区有明确的界定。你是一个社区的成员或你不是该社区的成员，然而，许多社会软件是采用由下而上的模式来创建网上社区的，在这里人们通过相互之间的联系来构成网上社区。这种网上社区并没有明确的边界，而是灵活可变的。博客就是这种以由下而上的模式创建的网上社区的最佳例子。无数人开通博客并围绕特定主题进行写作。他们通过博客进行联系并在对方的博客上发表评论，逐渐形成网上社区。这些博主开始觉得，他们已经成为自己不自觉地加入网上社区的一部分，但他们之间的联系仅基于他们的行为和观点。

这种自下而上而构建的网上社区类似于网络，人们通过第三方建立联系，这种联系可强可弱。博主们也许互不相识，但他们通过对他人博客的评论建立联系。你可以阅读一个博客，其他人同样也可以阅读这个博客，但人们或许不阅读对方的博客。然而，人们仍然是基于共同阅读兴趣而建立的网上社区的一员。网络社会软件的工作模式都是类似的。如果一个人创建自己的个人资料，并把朋友列表添加到个人资料中，这样他就可以看到他的朋友的朋友。可以想象，通过认识的朋友他们将认识多少人？这样，人们就可以在一个相互关联的社区中与朋友的朋友约会、建立友谊或开展商务合作。

社会软件帮助人们建立不同类型的社区。在线社区不需要论坛、公告板或电子邮件列表。人们可以通过维基、博客评论、照片共享软件，通过链接行为或共同的标记进行交流。类似这样的社区无需维护也没有核心权利。它们的存在仅是因为人们都在使用同样的社交工具或参加类似的活动。

（五）利用大众的智慧

通过社会软件，人们不仅可以交流、合作、建立网上社区，还可以从他人那里学到很多知识。许多社会软件可以让人们学到越来越多的知识。以维基为例，无数人把自己的知识添加到网站上，这样就可以对一个给定主题形成巨大的知识库。如果图书馆里的同事都能在馆内的维基上记录他们所知道的一切参考资料和网站，那么图书馆里的每个人都可以在咨询处获取同事的知识。越多的人把知识添加到维基上，维基就会越有用。

大众的智慧也将通过推荐系统发挥作用。人们总是想知道他们是否购买到了最好的产品或得到了最有利的交易。在网络出现之前，人们通过阅读杂志，如消费者报告，或问朋友来获取信息。现在，人们可以从数以百万计的其他消费者中获取信息。人们把他们对酒店、餐馆和产品的评价记录下来，并放到网上供每个人查询。人们可以很容易地对他们租借的影碟和所购买的书籍进行评价。网站还会根据个人购买行为提出消费建议。因为有了这种几乎人人参与的机制，不合格产品将会很快退出市场。

有了标签，人们使用网络更加快捷方便。一个标签基本上就是一个关键词，用户通过用标签标记他们的博客、照片、网站，从而可以很容易地找到它们。人们可以搜索单个的关键词，也可以找到其他一切已标记到这个关键词下的内容。随着社会书签的出现，人们用描述性的词语来标记网页变得很有意义。如果有人对维基感兴趣，他们可以调用一切用“维基”这个词标记的所有内容。很明显，人们用“维基”标记的文件与谷歌根据该表述而创建的索引相比更相关、质量更高。标签帮助人们使自己的资源更有意义，并通过扩展链接，让别人更容易发现同样的内容。

（六）透明度

大众的智慧产生透明度。如果一个公司生产的产品质量差，那么这个公司必然面临争议。或者国会议员触犯法律，毫无疑问，肯定会被人发现。任何组织的声誉都可能被网上一连串的差评或一些博主发布的负面评论所摧毁。人们可以轻而易举地使得一些配件、图书或软件畅销，但也会很容易地使这些东西滞销。因此，一些公司让他们的公关部门维护与传统媒体的关系。同时，透明度也可能带来前所未有的机遇。社会软件可以让公司以一种更有人情味的方式与客户保持联系。除了缺乏人情味的官方网站，通用汽车还有个博客（fastlane.gmblogs.com），公司高管们在博客上记录事情的真相。博客不像通用汽车的官方网站那样，高管们会在博客上留下自己的名字，并用真情实感与客户沟通。在现实中，让一个人直接与一个大公司对话是挺困难的，但社会软件却可为公司与客户提供一种更为贴心的交流渠道。

（七）个性化

有人读报纸是从头到尾，但很多人只阅读自己比较感兴趣的话题。但是，他们仍然要浏览整份报纸才能找到什么是自己真正想了解的内容。那么是否可以提前订阅报纸上你感兴趣的话题，并只把这些主题的文章每天发送给你？RSS基本上可以让你看到你所关注的每日新闻。RSS是一种社会软件，这种工具允许用户把从不同网站上搜集到的内容放到一个网页上或者放到RSS聚合器上。所以，如果你对科技新闻感兴趣，你可以订阅有关此主题的RSS，它会从很多不同的渠道收集信息，包括主流媒体，如《纽约时报》、博客和学术期刊。有些网站甚至可以让你订阅搜索词，并能收到所有与该搜索词相关的新闻或博客文章；例如你可以订阅“维基”这个搜索词，这样你每天就会收到关于维基的所有博客文章。这样你就可以通过在线报纸慢慢阅读、细细品味你感兴趣的内容了。

RSS也是一种支持播客和网上音频文件订阅的技术。许多播客被设计得与演播室的表演一样，配有音乐和解说，也比较幽默。你可以订阅你最喜欢的播客并把他们下载到MP3播放器里。这样就可以创建属于自己的演播室，在这个专属的演播室里只播放你想听到的内容。RSS可以让人们自己选择把什么样的信息推送给自己。这样，人们就不需要到处搜集自己感兴趣的话题材料或阅读一些无关紧要的内容。

（八）可携带性

以前，人们使用互联网常常被困在办公室或家里。随着网络变得日益普及，现在人们在任何地方都可以正常工作了。不幸的是，大多数传统的计算机应用程序不具有可携带性：台式机的应用程序安装到一台电脑上，并只能在该台电脑上使用。即使另一台计算机也安装了同样的应用程序，你也必须把个人文件存储到该计算机上才可以进行相应的操作。幸运的是，大多数社会软件应用程序都是Web应用程序。即使你在咖啡馆里上网，仍然可以打开你的博客并记录你的行程，上传照片到图片共享应用程序，阅读所有由RSS聚合器推送的博文和新闻。只要你能记住用户名和密码，只要可以连接网络，社会软件在任何地方都可以使用，除了使用可移植的Web应用程序，现在越来越多的人通过移动设备，如iPad和手机来上网。这些工具可以搜索谷歌、查询电影放映时间、联络朋友、发送电子邮件、拍照片或微电影，并将它们上传到网上以及发送短信。越来越多的网站和应用程序被设计成通过台式机和手持设备都可以访问。这样，人们就可以用手持设备完成之前通过台式机处理的相同事务。微信和手机短信，已成为年轻人彼此沟通的流行方式，因此，商业公司抓住这个契机提供服务，推动用户通过SMS传递信息。Web应用程序、移动设备和文本信息可以供人们随时随地使用。

（九）克服距离和时间的障碍

社会软件很好地克服了时间和空间的障碍，人们无论身在何处都能有机会彼此沟通和合作。人们可以通过即时通信软件（IM）和网络电话（VoIP）进行实时交流。提供基于即时通信软件的参考咨询服务的图书馆，可以为任何地方的读者提供同等水平的服务。使用维基，人们还可以在网上相互合作而无需都在同一间办公室，也不需要同时一起工作。这些社会软件使面对面的会议也显得不是那么必要了。

二、社会性软件在教育领域的应用

一方面，社会性软件能够促进个体知识建构，将个人的知识管理过程与社会性软件的应用融为一体，因而，社会性软件在促进个体的学习、生活和工作等方面有很广阔的应用前景和空间。另一方面，社会性软件在学习社群、学习共同体等社会知识建构和社会协作关系的建立方面，也有很多可拓展的应用空间。随着互联网和科学技术的不断发展，社会越来越倾向于技术化。人们交往需求的本能，促使了软件的社会化。社会性软件能够构建社会关系、生产社会资本，因而具有多种应用。社会性软件应用于学习和教育领域，促使人们分享知识、激发知识创新，培养自己的信息能力和协作能力。

几种常见且被使用频次较高的社会性软件有微博、维基、博客、腾讯QQ、微信等，本节主要以微信为例叙述其在教育中的应用。

（一）企业微信为师生构建一站式校园服务新平台

综合性大学的教职工与学生队伍数量庞大，在信息化工作中会遇到很多困惑。最大的困惑就是学校信息化建设投入了很多时间和精力，却没有得到好的口碑，一些师生还有诸多抱怨，对学校的信息化现状不满意，这是一件让人非常沮丧的事情。

如何找到一种简单的、可以“一招制胜”、一下子获得用户大量好感的数字校园管理工具，是很多大学提升校园信息化建设水平的当务之急。

1.数字校园建设的三大痛点

为推进大学建设，除了需要在科研能力、师资水平等方面积极作为，更需要一套高效的校园管理体系作为后勤保障。在推进学校数字化管理的过程中，现有的信息基础设施势必会让数字化管理工作遇到诸多难题。

（1）业务系统陈旧，业务办理不方便。许多业务流程都只能在电脑端操作，与现在大事小事习惯在移动端解决的用户习惯相去甚远。

（2）办理事务手续复杂，效率低。纸质材料人工办理既耗时又混乱，花费成本也高。

（3）后勤保障不及时，使用负担重。缺乏及时的后勤服务，学校生活处处有阻碍。

2.手机就能搞懂业务办理，师生更满意

学生在校期间需要办理学费和住宿费缴纳、考试报名、选课等众多业务，为了满足庞大的业务办理需求，学校建立了大量的业务系统。但这些业务系统很少有能够支持在移动端使用的，师生必须使用电脑才能进行业务办理，操作十分不便。企业微信为全校师生提供了一个很好的从桌面端到移动端的黏合方式。使用企业微信给各种业务系统添加微信扫描二维码的登录方式，让师生们使用手机就可以方便、快捷地访问学校的各个业务系统。

目前，用户活跃度最高的应用是校园卡，可以实现充值、查询消费记录、挂失等；还有“我的学业”，学生可以实现很方便地查询成绩、课表等。其他的应用也有很多，比较有特色的有门禁查询、我的通知、我的财务、图书馆、会议管理、校园直播、办事指南、就业服务、待办事项、访客上网、卡券核销等。这些移动应用满足了师生对于移动端的依赖性，大大提升了师生办理业务的快捷性与便利性。

3.简化毕业生离校手续，省时又省力

学生们毕业时往往需要办理一系列复杂的手续，各项流程确认无误后才能离开学校。以往学校会向毕业生分发一份印有离校流程的说明和毕业所需的纸质材料，再由毕业生们自行到各个地点去办理手续并盖章。但是这些地点往往分布在学校不同的地方，大多是学生四年都不会踏足的场地。很多学生甚至连有些地点都找不到。辛苦找到之后，发现各个地点的各个窗口都排起长队，学生等得很辛苦，教师审核材料也很辛苦。同时，人多混乱，学生如果不慎将材料丢失，就只能再重跑一次。

离校手续线上化，流程办理更省心。现在，将毕业生的离校手续办理装进了

企业微信里。利用企业微信的“毕业生离校状态”功能，每一位同学都可以清晰地查看到自己的待办事项。同时，利用校园地图也可以查找各个地点的位置。有些步骤可以直接经由系统确认，不需要再当面盖章处理，学生和教师都轻松了很多。学生再也不需要在毕业季的烈日下来回奔波，不会出现遗漏和丢失材料的情况。

4.网络服务，关键时刻不怕宿舍断网

在校期间，所有学生都会使用校园网络，过去学生需要以宿舍为单位按月或按流量购买网络服务。学生需要时刻关注宿舍网费情况，一旦忘记按时缴费，宿舍就会断网，影响学生课余生活。为了解决这一问题，可以在企业微信里开通“网络服务”应用。学生们通过关注企业微信里的网络服务应用，就可以随时查询到宿舍网络的使用详情、余额信息，还能直接在线缴网费，保证余额充足，就算突然断网也不怕。学生们再也不会因为网络问题耽误重要事情。

5.微信校园卡，打破实体卡片的枷锁

学校信息办的服务平台一直都是学校最繁忙的部门，每年新生进校要办卡，毕业生离校的时候要注销卡，每天还有大量的人来补卡。不仅教师工作量大，学生也要在排队上耗费大量时间。

微信校园卡，帮学生省心，帮学校省钱。借助企业微信与微信的互动连接能力，高校利用企业微信，开通了微信校园卡应用，解决了校园卡使用的难题。

过去实体卡能做的事情，微信校园卡也可以做到；实体卡不方便做到的事情，微信校园卡更可以做到。微信校园卡除了满足学生身份识别与校园消费支付的传统功能，更节约了很大人力和制卡成本。学生使用更方便，学校发卡更省钱。

6.全方位满足师生学习、生活、工作需求

企业微信舒适的用户体验、连接与开放的能力、高黏度的功能，一经使用立刻受到师生的青睐。

（1）应用移动化，提高使用便捷性。企业微信在移动端开通了多项业务系统，让师生使用手机即可享受服务，告别了被拘泥于电脑桌前办业务的时代。

（2）简化业务办理手续，提高管理效率。企业微信开设了毕业生离校应用，

将业务浓缩至网络平台，大大简化了办理流程，让学生不出寝室即可解决大部分问题。

（3）完善后勤服务，提高师生生活保障。企业微信实现了在线校园卡、在线网络管理等功能，为师生提供全方位的后勤保障。

7.丰富校园服务应用场景，推动数字校园建设

越来越多的服务功能在校园内落地推广，企业微信为师生提供了更加便捷的校园服务，极大地方便了师生的学习、工作与生活。这些功能在为校园师生提供便捷化校园生活的同时，更加强了学校的规范化管理，提高了学校工作人员的工作效率。

（二）数字化办公系统搭建家校沟通新桥梁

要构建一体化的“互联网+教育”大平台，引入“平台+教育”服务模式，整合各级各类教育资源公共服务平台和支持系统，逐步实现资源平台和管理平台的互通、衔接与开放，建成国家数字教育资源公共服务体系。

办学规模的迅速扩大，在校师生人数的不断增长，使得传统校园管理模式已无法满足很多小学现代化教学的需要。如何在成本可控的前提下，通过运用现代化的技术设备，改善教务管理、教生管理、家长及公众服务等业务流程，提高管理效率和服务质量，实现由传统的办公形式向校园信息化办公转变，真正实现家校互联，成为困扰大多数小学发展的难题。

1.小学校园管理的三大难题

名气的增加，招生规模的扩大，家长期望的日益增高，使得传统校园管理模式难以适应小学现代化管理的需求，因此学校发展面临三大难题。

（1）家校难沟通。通讯录难查找，信息传递成本高。

（2）信息难管理。人数多、信息多，管理信息效率低。

（3）活动难组织。参与者体验差，活动过程难存储。

2.重视使用体验，友好易上手

大部分软件都要求用户先进行下载安装，再体验服务，其他家校互通软件也是如此。再加上家长们对这类App的使用频率远远低于其他个人聊天软件，强制

下载安装的行为，无疑加重了家长们的手机存储负担，这导致学校对软件进行推广的成本很高。

企业微信提供微信端的插件，家长只需要扫一扫关注微信公众号和插件，就能够在微信端接收所有消息并且使用应用服务。这意味着家长对如何使用该软件具有自由选择权，既可以选择在微信端使用，也可以选择在企业微信App里使用。等家长们在微信端实际体验过企业微信的服务后，学校再推荐家长转到企业微信App里进行沟通，就变得自然和容易了。

3.信息在线管理，查阅修改更容易

小学的教师、家长以及服务人员数量庞大。以前家长信息分别由各班班主任进行维护，服务人员的信息由专门的后勤负责人维护，学校缺乏一个统一的管理平台，不仅容易造成信息丢失，也难以及时对人员信息进行更新和同步。

使用企业微信后，可以将教师、家长和服务人员都纳入学校统一的通讯录。其中，教师和服务人员可以直接导入，而学生家长则必须要按照规定详细地录入实名信息提交申请，待学校审批过后才能被纳入学校通信的组织架构，并按班级进行分布。这一举措不仅提高了管理效率，也保障了信息的真实性。

4.线上绩效评定，时间更快，成本更低

绩效评定是教师职业发展中十分重要的一环，但绩效评定时往往需要提供很多证明材料。以前都是纸质填表，每个教师都要向学校提交一大摞表格。学校负责人审核的时候不仅工作量大，一不留神还容易出错。

如果上线教师管理和查询系统后，教师们的个人资料全部收集在学校的信息数据库中，不仅教师们可以直接在手机上查看或修改一些个人基本信息，学校也可以直接从后台批量导出教师资料，绩效评定省时又省事。

5.家校互通，沟通更加及时高效

以前进行班级管理的时候，教师都需要在微信或QQ里建一个群，然后再用个人账号去联系家长，一个一个通知加入群聊。不仅等待家长全部加入群聊需要耗费大量时间，教师还要花大量的时间和精力去检查人员是否有遗漏。并且所有的消息都在群内发布，教师无法确认家长们是否都收到了信息。

企业微信能方便地传输文件、发布群公告，查看已读和未读消息。校方通过发红包的方法，鼓励所有成员都转移到企业微信上来沟通。教师和家长不再需要

用个人账号去添加好友，通过通讯录就能快捷地创建班级群、机构群，现在整个学校80%的沟通都已经转移到了企业微信上。

6.移动发布公告，教师和家长不错过任何消息

过去，学校的信息发布渠道并不多，一般是领导通知教研室，教研室再通知教师，教师再到各个班级群里通知家长。这样通知耗费的时间长，还不一定能通知到位。

现在，有了企业微信自带的公告应用和消息发送渠道，无论是新的政策、学校新闻，还是活动报名、后勤服务告示，都只需要负责人编辑好内容，选择好需要发送的人员范围，就可以一键下发消息。企业微信的信息推送可以保证信息百分之百触达每一位需要通知的人。

（1）一键连接校长邮箱，家长需求表达有渠道。以前家长们与学校的沟通，基本停留在与任课教师交流孩子的学习情况。如果碰上家长对学校的伙食有意见，甚至是对某位教师有差评时，根本找不到申诉渠道，只好在家长间甚至校外进行抱怨和吐槽。这样的结果，既不利于及时改进问题，还会对学校的形象造成负面影响。

（2）公开透明，反馈直达校长信箱。可以在企业微信中设置校长信箱投诉通道，让家长的意见有反馈的渠道。而且提供匿名反馈，家长就不需要担心会因为得罪教师而不敢直接反映情况。学校收到反馈后会指派人员处理，并且将来信和处理结果都在线发布，信息透明，让所有家长都可以查看，增加家长对学校的信任。

7.用手机就能报修，故障处理更及时

教室里除了黑板和粉笔，其他的电子设备也越来越多，比如投影仪、手写屏、打印机等。当发生教学设备故障、学校校园网无法连接等情况时，若不及时处理，课堂的正常教学将会受到严重影响。以前由于难以及时找到维修人员，电话报修没有记录也容易丢单，又无法监控服务人员每次的处理质量和速度，学校设备、网络故障迟迟难以得到解决。

现在，通过企业微信，教师可以直接线上申请报修。报修材料按顺序存储，方便服务人员及时查看所有待处理事项，确保无遗漏。同时，报修结果能够及时反馈，保证教学工作的顺利开展。

8.线上管理，教学服务数字化

（1）新生入学，家长不再通宵排长队。每到开学季，家长都会早早去排队报名，甚至出现通宵排长队的情况，不仅家长受累，学校报名工作也十分忙乱。

为了缓解这个现象，可以在企业微信里开通新生报名预约系统。排号预约系统里有详细的教程帮助家长了解如何预约。家长可以根据孩子的号码，依照系统提示选择可以预约的时间段，并按照预约好的时间去报名就可以了。新生报名预约系统不仅帮家长节约了排队报名的时间，还帮助学校成功地分流了原来线下报名的压力。

（2）课程按需开班，准时开抢。为了帮助孩子全面发展，除了义务教育规定的语、数、英等课程，学校还会提供丰富的兴趣课程。由于学生可以自主选择参加兴趣课程，使得部分课程太受欢迎而开课班数不够，或有的课程太冷门而报名人数寥寥无几，无法开班。对此，小学可以改变传统先确定课程再组织报名的方式。先在企业微信上提前放出课程预约，再根据预约人数来安排兴趣班数量，最大限度地保证了人人有课上，课课有人听。

（3）一起监督，不再忘记做作业。任课教师每天在班级群里布置学生作业，当一个教师在多个班级任职时，同样的内容需要转发多个微信群，容易出现消息漏发的情况。同时，微信群作为家长与教师沟通的唯一渠道，里面的消息十分散乱，教师布置作业的消息也容易被大量的聊天内容淹没，家长接收信息困难，后续查找也十分不便。

现在，通过企业微信，学校建立了一个线上作业布置系统。教师不仅可以直接选择多个班级一次性发布，还能添加图文来补充作业的注意事项。根据发布时间和截止时间，家长可以对孩子的待完成作业和以前的作业完成情况一目了然。

9.丰富校园活动，留住精彩瞬间

（1）举办活动简单，校园生活更有意义。过去，举办校园活动是一件十分费时费力的事情。比如举办一个诗词大会，首先由各班教师收集好学生的报名信息和提交的诗词文档，再分别发给评审教师。如果同一份作品需要多位教师审核，就得将教师们聚集在一起进行打分。不仅如此，在活动的最后，通常也只会宣布排名靠前的作品的评价结果，剩余的学生无法知道教师对自己的评价，后续也不知道如何改进，也就失去了活动的意义。

当学校应用了企业微信之后，一切都变得不一样了。企业微信帮助学校组织者实现了活动的完整闭环。在线报名—提交参赛材料—材料分发给评委—评委随时在手机上进行评审，多位评委可以看到同一份内容，报名的学生也可以查看自己作品的评语。企业微信不仅给学校组织活动带来了便利，还提升了活动举办的意义，提高了学生参与活动的积极性。

（2）记录风采，孩子、学校共同成长。一般校门口的宣传栏除了展示校训、校规等学校基本信息外，还会展示学校的荣誉风采、活动信息。但因为传统的宣传栏不仅容量有限，而且如果想要刊登新的内容，就得把旧的内容撤掉，过去的精彩内容难以保存、沉淀。

为了实现精彩活动的二次宣传与沉淀，可以在企业微信里上线“话题广场”功能，将其打造成一个展示学校和全体师生风采的平台。学校、教师和不同年级的学生都有自己专属的社区，每一次的进步和荣誉都能够被记录到相对应的板块。“话题广场”既成为学校发展的见证，也让家长可以随时随地了解孩子的学习和活动信息。

10.全方位沟通，解决校园管理难题

可以充分利用企业微信的各项功能，在信息集成与管理、家校互通、教学服务管理以及校园活动举办等方面都进行尝试。

（1）家校沟通更方便。实现了家校沟通的广度、深度，减少了内耗，降低了管理成本。

（2）信息轻松管理。企业微信增强了办公流程的灵活性与透明度，办公效率大大提高。

（3）活动组织更轻松。利用企业微信，邛崃市南街小学轻松打造了丰富多彩的校园活动。

11.打造开放链接的家校智慧生态圈

未来将有更多数字化软硬件进入校园，在教师、家长、学生及后勤保障人员之间建立关系网，搭建信息管理数据库，提供优质教育服务，配备智能化硬件设备，打造开放链接的家校智慧生态圈。

第三节　虚拟仿真平台在教育中的推广

教育是一个传授知识的过程。通过亲身经历能加速这一过程和巩固所传授的知识，为此而设计的很多方法中，虚拟现实技术是最有效的，因为它允许学习者与现有的各种信息发生交互作用，经历不同的时间和空间。随着信息时代的发展，数字化三维虚拟仿真技术以其画面逼真精美、运行高效便捷、功能丰富实用、查询管理信息方便等特点，逐渐应用在教学领域。

国际21世纪教育委员会向联合国教科文组织（UNESCO）在《教育——财富蕴藏其中》明确提出了21世纪教育的四学：学会认知（Learning to know）、学会做事（Learning to do）、学会共处（Learning to live together）、学会生存（Learning to be）。这是面向21世纪教育的四大支柱，与我国素质教育的精神是一致的。虚拟现实可以围绕这四种基本的学习能力来重新设计和组织。

（1）弥补现有教育经费、教学条件的不足。在现实教学中，有一些应当开设的教学实验由于实验设备、实验场地、教学经费等方面的原因无法进行。利用虚拟现实系统，可以弥补这方面的不足，使学生利用虚拟现实平台打造的仿真平台进行各种实验，获得与真实实验一样的体会，从而丰富感性认识。实验内容的变更可以根据需要通过修改软件系统来实现。

（2）避免真实实验或操作所带来的各种危险。传统的危险实验操作方式往往是通过视频的方式来演示的，学生无法进行操作，获得感性认识，虚拟现实技术可以帮助学生免除这种顾虑，学生在虚拟实验环境中，可以放心地完成各种危险的或危害人体的实验。例如，虚拟外科手术，带领医生进入虚拟情境中，避免因操作不当而造成的不可挽回的医疗事故；或者在虚拟化学实验中，能够避免爆炸或有毒实验材料给人体带来的伤害。

（3）突破时间、空间的限制。利用虚拟现实技术，可以彻底打破空间的限制。学生可以通过虚拟现实系统，进入虚拟的宇宙，观看天体的运动。也可以让学生进入虚拟的工厂，观察每个机器部件的工作情况及工厂的工作流程，虚拟现实技术还可以突破时间的限制，让学生观察一些需要几十年甚至上百年才能观察到的变化。

（4）可以虚拟人物形象。如果想要创造一个充满学习气氛的环境，可以通过虚拟现实系统虚拟历史人物、优秀教师、历代伟人、当代名人、学生榜样、学术界人物等各种人物形象，创设一个人性化的学习环境，通过虚拟讲堂让学生与虚拟教师在虚拟情境中进行交流和讨论，在提升学生兴趣的同时，还可以打造自然、亲切的学习氛围。

一、数字校园与虚拟校园的建设

一所高校仅用简单的文字、图片及Flash动画展示和宣传自己的校园，是无法满足学校日益发展需求的。那么高校如何将校园风光、实训设备、图书馆等教学设施生动地展现出来，让学生、家长和社会更好地了解校园情况呢？虚拟全景技术的引入就很好地解决了这个问题。虚拟校园是基于地理信息系统（GS）、遥感（RS）技术及虚拟现实技术构建的虚拟校园漫游系统，它将校园风光和学校地图有机地结合起来，让来访者足不出户就可以浏览校园风光。另外，学生还可以通过虚拟校园，直观地欣赏到教学楼、食堂、图书馆、宿舍等建筑，了解校园的整体布局和规划。因此，虚拟校园在校园风光展示、校园信息查询、校园文化展现、招生宣传、校园服务等方面发挥着重要作用。

例如，香港理工大学的校园信息系统是一个较为成功的集虚拟现实技术、因特网和电子地图为一体的虚拟校园系统。人们可以浏览虚拟校园环境，利用虚拟图书馆查找和阅读期刊及书籍，通过访问虚拟实验室来使用计算机设备，通过虚拟教室进行网上学习。

二、教学实验

实验教学在对学生科学素质、创新能力与研究能力的培养方面起着非常重要的作用，是理论教学所不能替代的。但是长期以来，由于实验课教学的单一性、实验课开课不足、教学设备陈旧、教育资金不足、危险性大、实验难以在实验室开展等原因，学生在做实验时缺乏个性和创造力，仅是按照实验指导书上的要求，按部就班地完成，不主动解决问题，机械地填写数据。更有甚者，缺乏实验兴趣，抱着敷衍了事的心理，认为实验只不过是对书本上的理论知识进行验证。

计算机的性价比和易用性的提高，使得虚拟实验室在教学、科普教育和技术研究领域的应用成为可能。虚拟实验室是指由虚拟现实技术生成的一类适于进行虚拟实验的实验系统，其包括相应实验室环境、有关的实验仪器设备、实验对象及实验信息资源等。虚拟实验室可以是虚拟构想成的实验室，也可以是某一现实实验室的真实实现。多媒体计算机技术与仪器技术的结合构成了虚拟实验室的基础，学生可以在计算机屏幕上通过场景式图形界面拥有自己的实验室，也可以利用虚拟仪器技术与认知模拟方法赋予实验室智能化特征，使学生可以不受时空限制，身临其境地观察实验现象。在虚拟实验室中，实验者有逼真的感觉，他的感觉是真正地在现实实验室里近距离地进行现场操作。

例如，在福州网龙公司打造的101VR沉浸教室展示区，体验者可以通过VR眼镜体验穿越海底、太空的地理课，也可以体验置身细胞中的生物课，华渔VR+教育的生态教育体系得到了淋漓尽致的展示。再如，在生活中培养一位高铁司机，培训成本高且周期长。现今，福州网龙公司发布了一款中国高铁司机VR训练系统，不仅能用于轨道交通驾培行业，还可以用于机动车驾驶、塔式起重机等行业培训，这标志着交通驾培行业2.0时代的到来。在这个VR训练系统中，对和谐号动车组的驾驶舱进行全尺寸VR模拟，并实现在虚拟驾驶舱内与设备的交互，满足动车司机在应急状态下标准操作流程的培训和考核要求，实现利用一套VR硬件设备配上量身定做的课件就可以高仿真体验的效果，同时，模拟高铁行驶出现的各种突发状况，让训练者进行应对。

三、教学课件

传统的多媒体课件是以文字、图片、视频、声音为载体，向学生传递教师要讲授的知识，在教学中发挥了巨大的作用。但是，它也存在着一些不足之处，表现在两个方面：一是传统的多媒体课件只能以平面的方式展示知识，不能展现抽象的三维形体和行为；二是缺乏交互性，传统的多媒体课件主要是用于课堂知识展示，学生仅能被动地听、被动地看、被动地记笔记。如果将虚拟现实技术用于多媒体课件的制作，可以克服传统多媒体课件的不足之处，达到为学生建构三维的、多媒体集成的、境界逼真的学习情境的目的，有利于学生理解空间性、抽象性较强的教学内容。例如，飞行员学习飞机驾驶课程，由于条件的限制，部分学生可能无法得到实际操作的机会。但是，学生的掌握度在很大程度上取决于练习的程度。如果将虚拟现实技术开发于模拟飞机驾驶的多媒体课件，那么学生能够通过不断地操作和练习来提高飞机驾驶的技术。

对于教师而言，就是需要通过“创设教学情境”，以直观的方式再现书本知识所表征的实际事物或者实际事物的相关背景，解决学生认识过程中的形象与抽象、实际与理论、感性与理性以及旧知与新知的关系和矛盾。之前，教师们借助课本、音频、视频、多媒体课件等手段，对抽象的事物具体化，尽可能地创设与自身课堂相匹配的情景。而今，借助虚拟现实技术，似乎更加易于达成了。汽车学院的老教授曾经说过，要想认识发动机，最好就是搬一台发动机到课堂上，对着实物讲解，但这注定是不易实现的，而如果借助虚拟现实技术，我们不但可以把发动机“搬”到课堂，还能够对发动机进行进一步的拆卸和分解。其他课也是如此，比如讲罗马史的教师，如果让学生置身于虚拟的罗马大教堂进行学习，相信更有事半功倍之效；讲天文课的教师，如果周围就是星空，脚下就是月球，学生从各个角度近距离观察行星、恒星和卫星的运行轨迹，观察每个星球的地表形状和内部结构，甚至能够降落在火星或月球上进行“实地”考察、体验星际之旅等，相信这样的课堂，也没有人再想睡觉了吧。学生几乎不需要离开教室，便能够穿越历史、散步宇宙或者参观世界各地的博物馆和景点，并具有置身真实情境的沉浸式感觉，能给学生以绝佳的真实体验，使人如身临其境，让书本中的内容可触摸、可互动、可感知。斯坦福大学的虚拟理想与人类交互实验室不久前曾应用VR做了一系列实验。其中一个实验就是邀请了一大批大学生志愿者戴着VR设备先体验人类在亚马孙丛林的滥砍滥伐。待实验结束后，又在各位志愿者面前打翻一杯水。可以看到其中参与了刚才实验的人，擦桌子时用的卫生纸普遍比普通人使用得更少。可以很明显地看出，体验了VR虚拟伐木之后，志愿者们更加懂得了保护环境的重要性。这种全新的、更注重于师生交流和互动的课堂模式，可以很好地解决学生长时间面对屏幕的无聊枯燥，可以使学生更加真实地融入课堂，极大地提高学习效率，也可以很好地表现出VR技术的真实性。

虚拟现实课件比一般多媒体课件有更好的交互性，可以让用户在虚拟现实构建的虚拟场景中随着个人的意愿自由地游走，使用户产生完全沉浸感，融入虚拟的学习情景中去。例如，“DNA的摄取与整合”课程。由于DNA过于微小，无法在显微镜下观察到，因此学生们无法通过实际操作来感受这个过程。教师只能通过模型摆放、图片展示、动画演示进行理论讲解。而这种传统多媒体教学方式只能帮助学生从理论上认识“DNA的摄取与整合”，不能帮助其从实践层面更好地理解和认知，如果将“DNA的摄取与整合”以虚拟现实的方式嵌入多媒体课件中，学生一方面可以听教师的理论讲解，另一方面可以动手模拟DNA的摄取与整合过程，从而加深了对这个知识点的认知。

第四节　人工智能在教育中的应用

一、智慧教育

（一）智慧教育的应用场景

智慧教育的应用体现了人工智能在教育行业的价值，开创了教育的新型模式。智慧教育结合教育行业的特性，运用关键技术和智慧教育平台，实现了人工智能与教育的深度融合，促进了教育信息化的变革。下面列举几个应用场景。

1.精准教学

精准教学是从辅助教师教学的角度出发，涵盖了备课、授课、作业、辅导、教研等多个教学流程，实现了对学生学情的精准分析、教学资源的精准推送、课堂互动的即时反馈、数据留存、智能辅导与答疑、课堂的录制与分析、网络协同教研等，较大程度地减轻了教师的教学负担，提高了教学的效率和针对性。

2.智能学习

智能学习是学生在智能技术支撑下的新型学习模式，它通过学习路径规划的业务服务来制定学习的目标及学习步骤；通过个性化学习、协作式学习、沉浸式学习和游戏化学习等方式构建新型学习形态；通过对学习过程中的学习负担监测与预警来保障学生学习中的心理感受。其中，最具代表性的产品是百度VR智慧课堂，它不仅可以为学生提供良好的学习体验，还可以减轻学生的学习负担。

3.智能考试与评价

考试与评价是衡量学生学习效果，促进学生全面发展的重要方法，也是学校教学的重要环节。通常，考试与评价工作涉及组卷、监考、阅卷、考试分析、综合素质评价等多项内容，往往会占用教师较多的时间和精力。而智能技术可以辅助教师进行科学、高效的考试与评价工作，这在一定程度上减轻了教师的工作负担，为教师布置下一步教学任务提供了较大帮助。

（二）智慧教育的典型案例——VR智能实验室

VR智能实验室是由百度研发的一款智慧教育产品，它可以为高校搭建用于教学和科研的VR场景，同时可以为高校培养一站式“复合型”人才提供培养方案。

在高校教学方面，VR智能实验室提供了全新的教学辅导工具和教学方式，且可还原经典理论模型，实现教学创新，助力于教育信息化。在高校科研方面，VR智能实验室提供了全新的实验场景搭建方法和数据采集方法，可用于需要进行情景还原、变量控制和数据采集等操作的科学研究。

相较于传统的实验室，VR智能实验室具有如下优势。

（1）实验室利用率高。该VR智能实验室能够打破技术、平台、设备的瓶颈，为各学科提供联合实验场所，促进专业间的相互沟通协作，实现通用高校实验室。

（2）可以配置场景内容。该VR智能实验室可以提供灵活且自由配置的实验场景，打破固定场景的限制，更加符合教学和科研需求。

（3）积累真实教学数据。VR智能实验室能够为学院构建自有的真实教学数据积累平台，可以长期有效地积累数据，形成特色数字资产，为学院的长期发展提供有力支撑。

（4）获得可靠的实验数据。VR智能实验室便于获得可靠的实验数据。可靠的实验数据为教师的学术理论研究和教学效果评估提供了有效支撑，还有利于提升教师的科研水平，促进科研成果的产出。

（5）配备专业眼动仪设备。VR智能实验室配备的专业眼动仪设备可以自动检测、上报、采集眼动和点击选择数据，形成用于分析的数据报表，增加实用性和研究性。

（6）灵活可携带。VR智能实验室对场地要求低，不仅可以在教室和实验室使用，还可以外出携带使用，可随时随地进行实验操作。

二、人工智能在教育中的其他应用

AI用于教育，其实还有很多方面的应用，比如现在提到的用于基础教育领域的“智能语音评测系统”，该评测系统由“命题系统”“考务系统”“现场考试系统”“阅卷评分系统”等部分构成，在英语听说考试中已得到有效应用。相对于传统考试，这样的智能评测系统有着不少的优势：第一，在评分技术上，解决了人工阅卷主观性强、评分标准不定的问题，进一步推动了评分结果的公平、公正；第二，大幅提高口语考试阅卷速度，降低了相应的成本及实施难度，促进了口语考试的良好发展；第三，该技术能够从发音标准度、发音缺陷检测、口语实际应用能力等多个维度进行详细评估，客观全面地反映出学生的口语水平；第四，应用人工智能技术进行在线实时评分，使自适应考试成为可能，自适应考试拥有更加精确的评估水平，为此，它也将成为未来考试的发展趋势；第五，质量检测技术应用于考试设备终端，能够在考生口语采集环节中避免设备故障或人为原因造成录音失败等情况，进而提高口语考试的成功率。

在当前的高等教育中，人工智能也有着越来越重要的应用。密歇根大学建立了人工智能实验室，其目的是研究并开发相关辅助技术，特别是帮助那些拥有身体或认知水平缺陷的障碍人士（其研发的项目之一：设计计算机界面，理念是自动调整以满足视力障碍人士的实际需求）；剑桥大学人工智能集团（AIG），其建立是基于多元学科（基因组学、计算机理论、非止式推理等）来设计算法，目的是为实现机器模式识别问题的解决，以及相应模型的实际应用等。

作为当代最为热门的技术，人工智能在教育领域必将发挥越来越重要的作用。但俗话说过犹不及，过度依赖人工智能而忽视教育中“人”的作用，那将使得教育这一负责传承人类文明的伟大事业走向歧途。就像著名物理学家霍金预言的那样，“未来，人工智能也许是人类的终结者”。不要期望并试图让人工智能代替教师的所有工作，且“君子使物，不为物使”，唯此，人工智能方能成为未来教育的最大助力！

第五节 大数据在教育中的应用

一、教育大数据背景下的课堂教学

美国教育部在2012年10月发布的《通过教育数据挖掘和学习分析促进教与学》报告中提到，大数据在教育领域的应用，将主要围绕在教育数据挖掘以及学习分析两大方向。这两大方向为课堂教学带来了三个层面的变化：记录分析教学与学习过程、实现教师的个性化教学、支持学生的自适应学习。此外，美国高等教育信息化协会（EDUCAUSE）在2019年2月发布的《2019教学关键议题》中，强调教学与学习经验设计、可取得的全体共同学习设计、能力学习成果的评估新方法等议题。4月发布的《地平线报告：2019高教版本》中，也提及基于大数据的学习分析，将会是短期内在教学上的重要发展与课堂应用重点，教师在课堂中的良好教学设计能力技术，以及适合学生的混合学习设计，会是1—2年内所面对的挑战。综合而言，在教育大数据技术与应用发展中，各方趋势与报告都共同点出了对课堂教学的直接或间接影响。从教师教学方面来看，至少面临三方面的挑战。首先，在课堂教学设计中，在教学与学习数据的采集与分析支持下，教师需要更贴合实际学科教学，来设计与专业领域知识及能力有关的实践环节。其次，教师需要运用基于任务、能体现学生多元能力的教学策略，来激发学生的学习兴趣，增进学习成效，影响正向的学习行为。最后，通过数据的记录与分析，教师应能够适时调整自己的教学内容与活动，以适应不断变化的学习者习惯及需求。基于这三方面的挑战，我们可以进一步延伸思考在课堂教学应用中教师所面临的问题：如何选择海量多元的教学资源并应用于课堂教学与学生学习？学习的资源与机会已不限于教室中，如何设计有效、能延伸的课堂学习活动？学生们能力特质都不同，如何掌握学习进展、给予个性化的指导？

从课堂教学前的资源准备与教学设计，课堂教学过程中的师生互动与学生参与，到课堂教学后的学习追踪诊断与个性化引导，在妥善利用教育大数据的采集、汇整、分析、应用下，能够渐渐形成一个不断迭代演进的教学闭环：基于历史数据分析，来调整、制订课堂教学设计→弹性开放且能灵活调整的教学、自主开放的学习模式→自适应的测试与个性化的学习诊断追踪→基于历史数据分析再次调整课堂教学设计……

二、基于教育大数据的教学应用模式

要想提升学生的学习感受与成效，推进教育教学的创新，核心仍然围绕在教师的教学模式与应用上。若缺乏完善的课堂教学思路与设计（包括课前、课中、课后），学生难以在课堂中实际体验到教育大数据带来的便捷与支持。那么，有哪些课堂教学模式是基于教育大数据的特性，且能够让教师参考、调整、应用到自己的课堂中呢？

（一）个性化分组学习

从分组教学及组员特质来看，可以大致分为同质性分组与异质性分组两种类型。过去，教师在进行分组协作学习活动时，常常因为对每位学生的能力特征理解不足、面授课时间有限或课程人数规模较大等原因，影响教学活动的进行与成果。通过对学生的教育大数据进行收集、汇整和分析，教师可依据自己的教学需求，引导或规定学生的分组规则及成员运用问题型导向的讨论、共享、报告任务，并给予不同特性、能力的组别合适的学习资源与指导，达到个性化分组学习的目的。其中需要注意的是，教师应定时通过学习分析及诊断来了解学生的学习进展，适时调整组员与组别，进一步提升分组学习的实际应用效果。

（二）交错式自主开放学习

教师可以在课前将每个学习活动和教学资源开放，并通过合适的交错课程知识点与学习单元、每堂上课内容，让核心知识系统性地反复出现，除了让学生能有自行接触、探索课程内容的机会外，也随着教师的课堂教学进度逐步加深对知识体系的深化学习。此外，除了让学生自主学习，教师也可选择将所有知识点与学习活动作为个别关卡，设置每个关卡的基本达标要求，并基于知识体系将所有活动串联起来，形成能让学生自主闯关的教学应用模式。这种教学模式的设计核心在于教师以专家角度提供完整知识体系与个别知识点，并将学习自主权交还给学生，由学生自行掌控学习进度与挑战速度，教师则通过大数据汇整后的学习分析，实时掌握每位学生的学习进展，观察到不同学习者在不同关卡的完成度，以适时根据学生的卡关状况提供合适的指导与资源。以台湾东海大学的SMLE智慧校园建设为例，该校考虑基于教育大数据的教学模式革新趋势及需求，以TronClass创新教学管理系统为根基，为教师教学、学生学习、课程管理、教学评价打造了iLearn爱学网平台。东海大学电子计算机中心主任杨朝栋教授在自己的课堂中开放了所有教材资源，设计了交错式的课程单元内容：课程开始前，杨教授让学生通过课堂预告与线上公告，让学生可自主上线或通过手机App随时取得所需的课程资源进行预习或复习先前内容；教师则可在平台上观察行为记录，了解学生可能的关注点。在课堂中，按照单元内容安排，进行讲授、讨论互动、实时答疑，并搭配线上的课后作业让学生进行反思沉淀。这种交错式的自主开放学习模式，让学生有更多的学习自主权，且不必担心是否无法跟上教学进度，而教师则能依据教学资源的使用记录与学生学习行为分析，按照原有的交错教学方式，有的放矢、适时地补充课程材料及调整进度，提高教学与学习的效果。

（三）游戏化翻转课堂教学

简单来说，游戏化是指在非游戏的领域应用游戏的核心要素，以强化参与动机，让参与者有更好的表现。因此，游戏化不等于游戏，也并非指特定电脑软件或模拟场景的工具，而是将游戏要素融入目标领域中，发挥游戏要素的特性，进而容易达到设定的目的。常见的教学游戏化是透过积分、徽章、排行榜（Points、Badges、Leaderboards，PBL）三大元素来融入课堂教学中，提高学生的学习动机，激发主动学习行为，翻转原本的教师单向课堂讲授模式，由学生自发地先行接触课程内容。以课前、课中、课后的学习数据记录为基础，在课堂互动中运用实体或虚拟的点数积分作为积累的基本单元，随着分数的成长，用实体或虚拟徽章呈现学习进度与阶段性成就，并通过排行榜让学生实时了解自己与他人的相对成就，促进学生反思自己的学习，提高学生持续参与、提升学习表现的动机。

智园教育研究院（Wisdom Garden Educational Research Centre，WGERC）致力于教育趋势、教育策略、教学实务的应用与研究，长期与高等教育、普通教育、职业教育等学校合作开展教育科研以及教师信息化教学培训。WGERC在与各校的合作过程中，融合信息化培训科研的经验与教师学科教学方法，在一些高校课程与培训课程中应用游戏化的翻转教学模式。在课程一开始，教师运用校园生活经验结合课程主题为同学介绍课程，配合使用App进行选人、抢答等活动进行课堂气氛的破冰，鼓励同学发言、参与讨论，进而分享自己对课程内容的学习经验。在学生个人或分组进行报告时，教师可依据学生的课堂表现实时打分，并同时使用互动教学App或Web版平台随时发起教学反馈收集活动，实时收集学生对同学表现的想法与反馈来进行投票，鼓励全班学生的投入参与。教师可选择当下公布投票结果，给予报告者或报告组来自全班的评价，并解读结果，给予补充信息，与学生一起做总结。这些课程前后的参与数据，都能形成学习者的积分记录，让学习者了解自己的学习进度，激发课堂参与的动力，让师生互动效果更佳，培养学生自发性的学习态度。

（四）自适应测试应用

过往的测试通常是让所有学生回答同一份试题，在多元智能的观点中，此举容易造成无法准确评估、量测学生真正能力与特质的偏差，进而影响教师对学生学习状况与难点的判断，难以给予学生合适的教学资源和干预。自适应测试则是指由学生每次答题的选择（选项或回应内容）与结果（正确与否、偏差程度等），根据默认的初始知识体系，判断学生当下可能出现的误解或困惑，呈现更有挑战性或是略微简单的题目。自适应测试通过反复的验证与积累，除了让自适应体系更完善、能更准确判断学习者当下状态，以提供较合适的测试题目内容外，也能复盘初始默认的知识体系（通常会先结合专家意见、经验法则、既有体系等内容来制定），让学科或特定领域的专业内容能持续演进成长，自形成学习有机体关于自适应测试的实务应用，基于计算机自适应测评系统（Computerised Adaptive Testing，CAT）的GRE和TOEFL考试便是很好的案例，而CAT所依赖的测评理论“项目反应理论”（Item Response Theory，IRT）是心理测量学的重要根基，有逾40年的理论研究基础，发展已相当完善。自适应测评在测验过程中不单是呈现题目、输入答案、自动评分、得出结果，而是根据学生对试题的不同回答，自动选择最合适的试题让学生接着回答，通过对每一题的调整，最终对应答者能力做出最接近的评估。简单来说，自适应测试是因人而异的测试。

虽然这样的测试方式与范围目前较局限于特定领域内容（例如数学、英语等），且形式仍偏向通过系统实现的试题型测试，而非从多维度、用多种方式来了解、评测学习者学习成就；但随着国内外对成功导向教育（Outcome-Based Education）与学习者多元智力理论的重视，在课堂教学中的学习成就评估，将不限于知识类的测试。通过测试记录与结果分析，配合教师在课堂教学现场的观察、互动、反思记录，让教师从多个维度去检测学生的能力，目的在于让学习者情感、课堂内外展现的技能方面都将有所成长与突破。

（五）个性化学习诊断

个性化学习诊断系统在线上线下、课内课外的教育大数据采集与分析条件下，可以形成每位学习者的画像，并根据不同学科或课程要求，比对由教学目标所形成的能力指标图，产生个性化的学习诊断报告。学校管理决策者、教学者可有效得知学习者的阶段、总结性能力成长状况，适时采取必要的支持或干预行动，甚至可能需要调整院系课程的人才培养方案内容，以发展出适合该专业及该课程的知识能力体系。而学生则能随时审视自己的学习进展，了解自己与专业或课程要求的匹配程度，保持自己的强项，提升自己的弱项，并依据科学化的参考数据与分析，为自身的专业选择和职业生涯规划提供参考，及早调整自己的学习发展方向与节奏。

参考文献

[1]傅钢善. 现代教育技术[M]. 第2版. 北京：高等教育出版社，2021.

[2]陈琳，陈耀华. 教育信息化概论[M]. 北京：科学出版社，2021.

[3]周效章. 信息化教学技术与方法[M]. 北京：中国农业出版社，2020.

[4]夏翼，马春红，王林浩. 信息技术[M]. 北京：航空工业出版社，2020.

[5]徐燕，伏振兴，李兆义. 信息技术与现代教育手段[M]. 银川：阳光出版社，2018.

[6]潘庆红，陈世灯，吴大非. 现代教育技术[M]. 北京：中国铁道出版社，2018.

[7]吴彦文. 信息化环境下的教学设计与实践[M]. 北京：清华大学出版社，2018.

[8]张贞云. 教育信息化[M]. 青岛：中国海洋大学出版社，2018.

[9]柳宏坤，杨祖逵，苏秋侠，等. 信息资源检索与利用[M]. 上海：上海财经大学出版社，2017.

[10]田春艳，何春钢. 现代教育信息化理论的整合与创新研究[M]. 西安：西安交通大学出版社，2018.

[11]姜永生. 信息化教学概论[M]. 北京：中国铁道出版社，2018.

[12]陈娟. 信息技术与课程教学深度融合研究[M]. 北京：中国铁道出版社，2017.

[13]张蕾. 信息化环境下移动课堂教学模式研究[M]. 长春：东北师范大学出版社，2017.

[14]聂凯. 移动网络课堂与信息化教学资源的传播分析[M]. 成都：四川大学出版社，2018.

[15]陈耀华. 提升教师信息化教学力的中国路径及优化发展[J]. 中国电化教育，2020（12）：99–104.

[16]关楠楠. 人工智能时代教师信息化教学能力提升研究[J]. 广东第二师范学院学报，2021，41（5）：62–71.

[17]何文涛，庞兴会，朱悦，等. 人工智能时代中小学教师信息化教学能力发展现状与提升策略[J]. 现代教育技术，2022，32（3）：92–101.

[18]谢爱莲. 数字校园网助力立体化教材建设与实践研究[J]. 通讯世界，2018（4）：282–283.

[19]蔡宝来. 信息技术与课程整合研究进展及未来走向[J]. 课程. 教材. 教法，2018，38（8）：133–143.

[20]郝琦蕾，林硕，樊桂芳. 国外信息技术与课程整合经验及其对我国的启示[J]. 教育探索，2020（5）：86–90.

[21]严铁群. 信息技术与数学教学深度融合范例研究[D]. 新疆师范大学，2020.

[22]赵宏，陈丽，王小凯，等. 现代远程教育政策发展脉络及问题分析[J]. 中国远程教育，2021（8）：12–20，76.

[23]陈丽雯，陈耀华，陈琳. 以现代远程教育提升教育公平的政策支持和实践[J]. 现代教育技术，2018，28（11）：80–85.

[24]孙朝霞，陈丹燕. 现代远程教育学习支持服务研究述评[J]. 职教论坛，2021，37（10）：113–120.

[25]邓彤，蔺艳娥. 互联网背景下我国现代远程教育创新发展研究[J]. 陕西广播电视大学学报，2021，23（2）：25–27，34.

[26]蒋丹. "互联网+" 背景下现代远程教育存在的问题及对策研究[J]. 中国管理信息化，2020，23（23）：218–221.

[27]傅雷鸣，陈海林，罗远渊，等. 网络环境下现代远程教育质量保障体系的构建[J]. 中国成人教育，2018（24）：40–42.

[28]刘习军，张素侠，崔福将，等. 虚拟仿真实验在教学中的应用[J]. 高教学刊，2019（26）：115–117.

[29]肖睿，肖海明，尚俊杰. 人工智能与教育变革：前景、困难和策略[J]. 中国电化教育，2020（4）：75–86.

[30]冯锐，孙佳晶，孙发勤. 人工智能在教育应用中的伦理风险与理性抉择[J]. 远程教育杂志，2020，38（3）：47–54.

[31]徐瑛琦. 基于大数据的个性化教学系统应用研究[D]. 河北师范大学，2020.